ES IST WAS ES IST

Weitere Abenteuer eines Westlichen Mystikers

Peter Mt. Shasta

Bibliografische Information der Deutschen Nationalbibliothek:
Die Deutsche Nationalbibliothek verzeichnet diese in der Deutschen
Nationalbibliografie; detaillierte bibliografische Daten sind im
Internet über http://dnb.dnb.de abrufbar.

petermtshasta@gmail.com
www.PeterMtShasta.com

Titel der Amerikanischen Originalausgabe:
It Is What It Is: Further Adventures of a Western Mystic
Übersetzung: Reinhold Köglmeier
Lektorat: Susanne Meyer

Printed in Germany
Herstellung und Verlag:
BoD – Books on Demand, Norderstedt

ISBN 9783754304129

MIX
Papier aus verantwortungsvollen Quellen
Paper from responsible sources
FSC® C105338

Lass kommen, was kommt...
Lass los, was geht...
Schau, was bleibt.

– Ramana Maharshi

Inhaltsverzeichnis

BILDER

ANMERKUNG

Die Erlebnisse in diesem Buch sind nicht alle in chronologischer Reihenfolge, da ich den Leser nicht mit langen Erklärungen belasten wollte. Ich hoffe, dass nicht die Reihenfolge von Bedeutung ist, sondern der Inhalt.

Die Namen der erwähnten Personen wurden zum Schutz der Privatsphäre geändert.

ERSTE ERFAHRUNG VON SAMADHI [1]

Während der Yogastellung *Savasana* ... wurde ich aus meinem Körper in das Kosmische Bewusstsein katapultiert. Während ich auf dem Rücken lag und mich hingab, verlor ich die Wahrnehmung des Selbst und verschmolz mit den Lichtwellen, die durch die Ewigkeit wogen. Wie lange ich weg war, ist mir ein Rätsel. Ich wusste nur, dass es mein Ziel sein würde, diese Transzendenz des Selbst zu erlangen.

– Peter Mt. Shasta,
übernommen aus seiner Autobiographie,
Abenteuer eines Westlichen Mystikers, Band I, *Suche nach dem Guru*

---

[1] Samadhi (Sanskrit): Seelige Verschmelzung des individuellen Bewusstseins mit dem absoluten Bewusstsein.

12

EINSICHT BEI VORGEHALTENEM MESSER

In der Nähe des Tompkins Square in New York City, in der Lower East Side, hielten mich drei Männer mit vorgehaltenem Messer an. Als sie meine Geldbörse ausgeräumt hatten, war ich wütend. *Sie haben kein Recht, das zu tun...ich werde mir eine Schusswaffe zulegen, und dafür sorgen, dass das nie wieder geschieht!* Ich sah mich als ein zweiter Charles Bronson in dem Film *Death Wish,* in dem ein Mann nach der Ermordung seiner Frau Mitglied einer Bürgerwehr wird.

Ich ging zurück in meine Wohnung, und da ich dringend Führung brauchte, las ich im *I Ging,*

Wer zum Schwert greift, wird durch das Schwert umkommen.

Ich sah ein, dass ich damit bewusst umgehen sollte, statt mit Gewalttätigkeit zu reagieren. Ich war in den wohlhabenden Vorstädten aufgewachsen, und hatte nie mit Gewalttätigkeit zu tun gehabt, außer bei Touch-Football[*] in den Pausen. Nun war ich unmittelbar davon betroffen.

Ich hatte angefangen Yogaunterricht bei Swami Satchitananda zu nehmen und indische Philosophie zu studieren, und ich dachte, *wenn ich genug Licht erzeuge, würde ich vielleicht geschützt sein.* Ich hatte die *Autobiographie eines Yogi* gelesen, das klassische Buch über östliche Spiritualität, in dem Yogananda von Geschehnissen berichtet, bei denen das Licht solche Wunder bewirkte. Diese Hoffnung sollte bald auf die Probe gestellt werden, denn einige Wochen später wurde ich auf meinem Heimweg wieder mit vorgehaltenem Messer angehalten.

Als ich das Armenviertel betrat, wo ich in der Avenue B

---

[*] Sanftere Art des Football, bei der der Gegner berührt wird, anstatt zu Fall gebracht zu werden. [PONS COLLINS]

13

wohnte, folgte mir ein Mann, der neben der Tür auf einer Mülltonne gesessen hatte, ins Haus. Er ging hinter mir die Treppe hoch bis zu meiner Wohnung im fünften Stock, und als ich an meinen Schlüsseln herumfummelte, zog er ein Messer. Zu ihm gesellte sich ein anderer Mann, der von oben die Treppe herunterkam, und auch ein Messer zog. Während ich gegen die Wand gedrückt wurde, spürte ich, wie eine Messerspitze durch mein Hemd in meinen Bauch stach, während ein anderes in meine rechte Wange gedrückt wurde.

„Mach die Tür auf!", rief der eine.

Ich tat, wie er befahl, und sie folgten mir in meine winzige Wohnung.

„Setz dich!", befahl einer, und hielt mir sein Messer an den Hals, während sich der andere im Zimmer umsah, bis sein Blick auf die Stereoanlage fiel. Als er dabei war, sie in einer Tasche zu verstauen, erinnerte ich mich, was ich von Yogananda gelesen hatte, dass Begierden und Anhaftungen die Ursachen von Leid sind. Ich hatte beschlossen, einige Habe loszuwerden. War das eine Vorahnung gewesen?

Ich war verwundert darüber, wie ergeben ich war, die Stereoanlage zu verlieren; aber es verletzte mich die gleichgültige Art und Weise, wie ich 'abgezockt' wurde. Ich fühlte, wie ohne meine Einwilligung ein Teil von mir genommen wurde. Während ich auf den Boden blickte und meine Brust sich heben und senken fühlte, dachte ich, *Gott ist auch in ihren Herzen, genauso wie in meinem; also Gott, tu hier was!*

Die Angst verflog, und ich sagte, „Das ist kein guter Lebensstil. Es gefällt mir nicht, wie ihr mich behandelt. Ich versuche anderen zu helfen. Warum habt ihr mich nicht einfach gefragt, was ihr braucht?"

„Was?", sagte der eine ungläubig, der die Stereoanlage einpackte.

„Gibt es denn nichts anderes, das ich tun kann, und das euch mehr hilft? Ihr werdet wahrscheinlich die Stereoanlage verkaufen, um Drogen zu kaufen, und ihr werdet nur einen Bruchteil von dem bekommen, was sie Wert ist. Und morgen werdet ihr dann wieder neues Geld brauchen. Gibt es nichts anderes, was ihr braucht?"

Der junge Mann, der neben mir stand, nahm das Messer weg, zog sich einen Stuhl heran und setzte sich neben mich, während sich der andere auf die Kante meines Bettes setzte. Nun konnte ich sehen, dass sie nur Jugendliche waren.

„Ja, da gibt es etwas, das ich brauche", sagte der eine, der auf der Bettkante saß, „aber ich bezweifle, dass du das tun würdest."

„Was ist es?"

„Ich muss operiert werden, und ich kenne niemanden, der über 21 Jahre ist, und mich in einem Krankenhaus anmeldet."

„Was ist mit deinen Eltern?", fragte ich.

„Mein Dad hat mich rausgeworfen, und ich habe auf mich selbst aufgepasst, seit ich vierzehn war. Nun brauche ich diese Operation. Der Staat bezahlt, aber ich brauche einen Erwachsenen, der das Anmeldeformular unterschreibt – jemand, der die Verantwortung für mich übernimmt."

„Ich werde für dich die Verantwortung übernehmen", sagte ich.

„Mann, würdest du das für mich tun?"

„Sicher, sag mir nur, wo ich dich finde."

Ich gab ihm ein Stück Papier und einen Stift, und als er begann, die Adresse des Krankenhauses hinzukritzeln, fühlte ich plötzlich den Mitmenschen – seine grundlegende Güte.

SATCHITANADA IM SCHEUNENHOF

In einem Frühling lud mich Peter Default zu einem Wochen-ende zu sich und seiner Frau Ruth auf seine Farm in Hillsda-le in New York ein.[2] Ich war den ganzen Winter in meiner kleinen Wohnung in New York City eingepfercht gewesen, und freute mich auf Sonne und frische Luft.

Freitag abends saßen wir um den Esstisch herum, vor einem prasselndem Feuer, und während wir den Tee schlürften, den Ruth mit ihren Gartenkräutern machte, plauderten wir über Dichtung und Politik. Der Tee war erfüllt vom Geist der Erde, und die folgende Nacht schlief ich in der Umarmung von Mutter Erde.

Ich wachte früh auf, war voller Energie und darauf erpicht, etwas zu tun. Ich wusste, wie viel Arbeit nötig war, um ihre Farm zu betreiben, und ich hoffte, dass ich helfen konnte.

„Nun, die Pferde waren den ganzen Winter im Stall und ihr Dung muss weggeschaufelt werden", seufzte Peter, und kratzte sich am Kopf, „Aber das willst du wahrscheinlich nicht tun."

„Das wäre großartig; zeig mir, was zu tun ist", bot ich mich an, und freute mich auf körperliche Arbeit nach Monaten an meinem Schreibtisch, an einem Fenster, das auf eine Ziegel-mauer hinausging.

Peter führte mich zum Stall, gab mir eine Mistgabel und scherzte, "Viel Spaß". Er öffnete die obere Hälfte des Tors und schlug die untere Hälfte zu, damit die Pferde drin blieben.

---

[2] Peter Kane Default (1923-2013), war ein amerikanischer Dichter, der im *The New Yorker* publizierte; er war Kongress-Kandidat für die Liberal Party und gegen den Vietnamkrieg, seine Person war Gegenstand des Dokumen-tarfilms, *"What I Meant To Tell You: An American Poet's State of the Union"* [Was ich euch sagen wollte: Ein amerikanischer Poet zur Lage der Nation. Anm. d. Übers.], der 2010 beim Internationalen Filmfestival in Berkshire Premiere hatte.

Ich begann den Mist durch die Öffnung zu werfen. Das war rech mühsam, da der Mist schwerer war, als ich dachte. Ich verstand nun, warum er diese lästige Arbeit aufgeschoben hatte. Eines der Pferde wandte sich um, schaute mir zu, und schien sich zu freuen, dass seine Unterkunft endlich gercinigt wurde.

Gegen Vormittag, als gerade eine Gabel voll Mist durch den Raum flog – war ich fort. Jede Empfindung des Selbst verschwand. Es gab kein *Ich* – nur glückseliges Licht und Bewusstsein.

Ich weiß nicht, wie lange ich fort gewesen war, aber nach einer Weile begann ich, zurückzukommen. Ich war überrascht, mich selbst vorzufinden, wie ich in den Raum starrte. Ich stellte die Gabel weg und ging hinaus. Ich stand in der Sonne und atmete die klare Landluft ein. Nach einer Weile läutete Ruth die Mittagsglocke, und ich ging zurück zum Haus.

Am nächsten Morgen vor dem Frühstück ging ich zum Stall, um wieder Mist zu schaufeln – und hoffte auf ein weiteres Erlebnis von *Satchitananda*. Das Pferd wandte sich mir grüßend zu, als ich die Mistgabel nahm und an die Arbeit ging. Eine Stunde lang warf ich mit viel Begeisterung Dung aus dem Fenster, und wartete, dass ich mich wieder in Licht auflöste, aber nichts geschah.

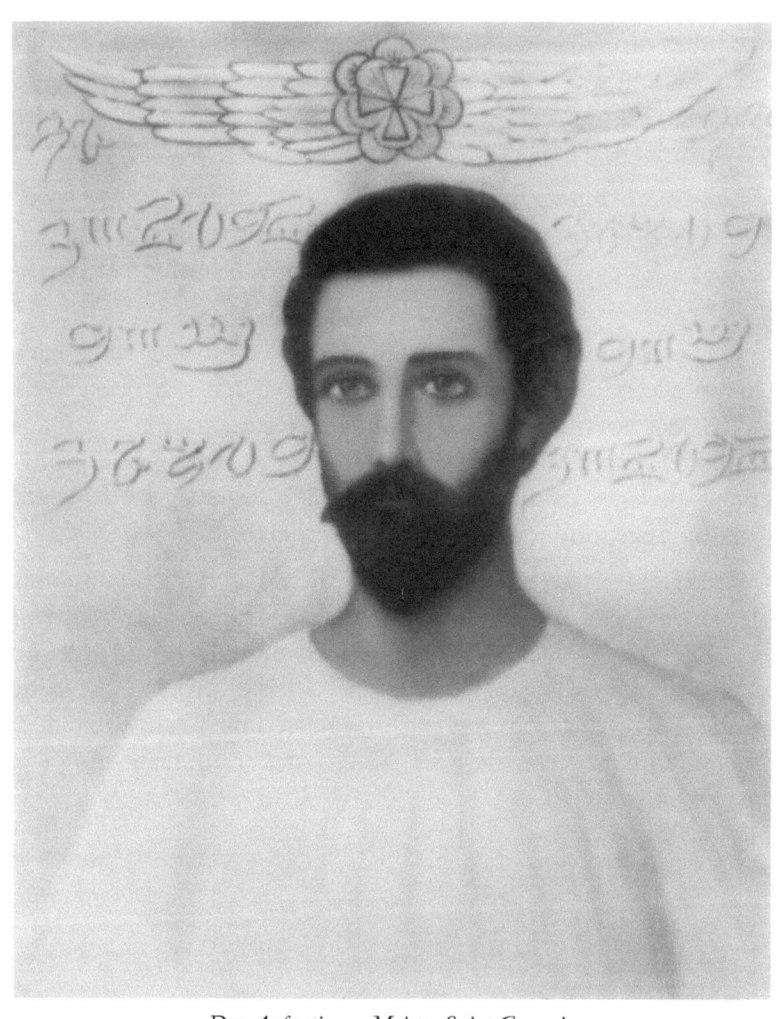

Der Aufgestiegene Meister Saint Germain

UNEINIGKEIT MIT SAINT GERMAIN

Die Meister sagen fast ausnahmslos nie jemandem, was er tun soll, woraus man ersehen kann, dass die meisten „Channelings" aus der Einbildung hervorgehen, und nicht von einem erleuchteten Meister stammen. Meisterschaft wird nur durch persönliche Anstrengung erlangt, und nicht, indem man zu Füssen eines Mediums sitzt.[3]

Als ich allerdings Saint Germain ätherisch das erste Mal bewusst begegnete, sagte er mir, was ich tun soll, und weiter, was im kommenden Jahr geschehen würde; aber mir gefiel nichts von dem, was er sagte. Er sagte mir, dass ich meine idyllische Farm auf einem Hügel in der Nähe von Woodstock verkaufen würde; dass ich nach Indien zurückkehren würde, wo ich fast gestorben wäre; dass ich nach Mount Shasta ziehen würde, das 1972 eine Holzfällerstadt war, in der Langhaarige angefeindet wurden; und schließlich wies er mich an, meinen Nachnamen zu Mt. Shasta zu ändern. Ich hatte Neem Karoli Baba nicht um einen Hindu-Namen gebeten, wie es Ram Dass, Krishna Das, oder Jai Gopal taten, also wollte ich sicher nicht den Namen eines Berges als meinen Namen annehmen, und das sagte ich ihm.

„Du wirst", versicherte er.

„Nein, das werde ich nicht", beharrte ich.

„Wir werden sehen...," schloss er.

Natürlich hatte er recht, und alles, was er gesagt hatte, kam so. Die Menschen zahlen viel Geld, wenn sie zu Hellsehern oder Channels gehen, um etwas über die Zukunft zu erfahren oder herauszufinden, was sie tun sollen, aber diese Channels

---

[3] Saint Germain sagte zu Pearl in den 1940ern, dass das Channeling sich so stark verbreiten würde, dass Spiritualität im Westen sehr verwässert würde.

wären bald aus dem Geschäft, wenn sie Botschaften lieferten wie jene, die Saint Germain gab. Niemand will gesagt bekommen, dass er sich verlieben und sein Herz gebrochen werden wird, dass ihm am Arbeitsplatz gekündigt werden wird, oder dass er herausfindet, dass er ernsthaft erkrankt ist. Das sind jedoch alles übliche Vorkommnisse, die mit größerer Wahrscheinlichkeit eintreten, als ein Lotteriegewinn und eine Reise mit der wahren Liebe in die Südsee.

Im Busbahnhof in Tel Aviv erschien einmal Meister Kuthumi vor mir in physischer Form.[4] Er strömte so viel Liebe aus, dass ich mich zu seinen Füssen niederwerfen und ihn bitten wollte, mich als seinen Schüler anzunehmen. Ich bettelte ihn innerlich an, mir zu sagen, warum ich dort war, und mir meine künftige Bestimmung darzulegen; aber alles, was er sagte, war: „Steig in den nächsten Bus ein."

Viele werden mir an diesem Tag sagen, ‚Herr, Herr, haben wir nicht in deinem Namen prophezeit, in deinem Namen Dämonen ausgetrieben, und in deinem Namen viele Wunder getan?' Und dann werde ich ihnen verkünden, ‚Ich kenne euch nicht; geht weg von mir, die ihr Unrecht ausübt.'

Mathäus 7:21-23

---

[4] Dieser und andere Kontakte mit Aufgestiegenen Meistern im wirklichen Leben sind im Einzelnen in meinem Buch, *Abenteuer eines Westlichen Mystikers,* Band II, *Im Dienst der Meister* beschrieben.

DAS FELD HALTEN

Ein amerikanischer *Sadhu* (wandernder Yogi) namens Jonathan River Wolfe verbrachte jeden Sommer hoch oben auf der anderen Seite des Mount Shasta, unterhalb des Gletschers. Früher war es in Indien leicht, ein *Sadhu* zu sein, da man diese sehr schätzte. Die Menschen hatten das Gefühl, gutes Karma anzusammeln, wenn sie ihnen Essen gaben, und *Sadhus* konnten in den überall vorhandenen Tempeln übernachten. Im Westen jedoch betrachteten viele diese wandernden Mystiker als faule Hippies. Als ich 1972 das erste Mal nach Mount Shasta kam, hingen Schilder an den Türen von Geschäften in der Main Street, die besagten, „Kein Zutritt für Hippies und Langhaarige".

Jonathan wuchs in einem gut situierten Heim in Ohio auf, aber er litt unter einer herrschsüchtigen Mutter. Im Alter von vierzehn Jahren erwählte ihn das Glück zum Austauschschüler nach Indien. Kaum angekommen, fühlte er sich zu Hause. Er erkannte, dass er in einem früheren Leben ein *Sadhu* gewesen war, und er wollte diesen Weg wieder beschreiten.

Wie viele von uns, die im Westen geboren waren und den Materialismus und ichbezogene Ziele nicht erfüllend fanden, suchte er ein spirituelleres Leben. Als er von diesem Jahr in Indien zurückkehrte, wollte er nicht zum College gehen, wie seine Eltern gehofft hatten, sondern in der Natur leben und meditieren.

Seine Eltern gaben ihm zu jedem seiner Geburtstage einhundert Dollar, was in diesen Tagen genug war, um mit einem Last-Minute-Ticket zur hawaiischen Insel Kauai zu fliegen. Er verbrachte dort die Winter im Dschungel und kehrte im Frühjahr zurück nach Mount Shasta. Zu jener Zeit begegnete ich ihm – im Wohnzimmer von Pearl. Es war, als würde man einen seit langem verlorenen Bruder treffen. Wie viele der anderen, die zu Pearl kamen, suchte er die Verbindung mit Saint Germain. Um dieses Ziel zu erreichen, wandte er die tantrische Methode an, die Pearl ihn gelehrt hatte:

Trete in einen Zustand der Meditation ein, wo der Geist ruhig ist. Wiederhole die Affirmation,

ICH BIN die Gegenwart des Aufgestiegenen Meisters Saint Germain, jetzt manifestiert in meinem Leben und in meiner Welt.

Visualisiere den Meister vor dir stehend, als lebendiges, atmendes Wesen. Löse diese Visualisierung zu einer Kugel aus amethystfarbenem Licht auf, das mit deiner Herzensmitte verschmilzt. Du wirst Saint Germain – sein Herz ist Dein Herz – eine Kugel aus violettem Licht. Sein Geist ist dein Geist – sein Körper ist dein Körper – seine violette Aura ist deine Aura. Du strahlst das amethystfarbene Licht der Vergebung, der Umwandlung und Freiheit für die Menschheit aus.

Löse die Visualisierung schließlich auf. Du kannst dir aber auch vorstellen, dass er über deinem Kopf schwebt – die ICH BIN-Gegenwart befindet sich noch darüber.

Eines Abends nach einer Gruppenmeditation in Pearls Haus, bei der die Strahlung von Saint Germain besonders stark gewesen war, machte sich Jonathan auf den Weg nach Hause zu seinem Zelt, seinem Tipi, das sich zwischen den Bäumen unweit der Straße befand, die den Berg hinaufführte. Da es kalt war und Schnee lag, ging er zügig und dachte, dass er sich eine Kanne Tee machen würde, wenn er zu Hause ankam.

Gerade als er an der Abzweigung zum Wald ankam, hielt ein Polizeiauto neben ihm an, und das Fenster fuhr herunter. „Hallo, wohin gehen Sie?", fragte der Polizist.

„Ich gehe zu meinem Tipi", antwortete Jonathan besorgt.

„Sie wohnen wirklich in einem Tipi?", fragte der Polizist neugierig, „Kann ich es mal sehen?"

„Sicher, kommen Sie mit hinein, und ich bereite Ihnen einen Tee", bot Jonathan ihm an.

„Gut, ich stell nur das Auto hier ab."

Der Polizist fuhr an den Straßenrand, stellte den Motor ab, und folgte Jonathans Schritten zum Tipi. Als sie ankamen, öffnete Jonathan die Zeltplane, damit der Polizist eintreten konnte. Drinnen bot er ihm einen Baumstamm zum Hinsetzen an, während er den Tee zubereitete. Als er fertig war, füllte Jonathan zwei Tassen, und sie tranken ihn zusammen. Der Polizist bemerkte anerkennend, „Sie haben ein erstaunliches Haus hier!"

Zwanzig Minuten später, als er aufbrechen wollte, sagte der Polizist, „Ist es in Ordnung, wenn ich Sie wieder besuchen komme?"

„Sicher, jederzeit", antwortete Jonathan und schob die Plane zur Seite.

Am nächsten Morgen, als Jonathan Pearl besuchte und ihr von dem Besuch des Polizisten erzählte, sagte sie, „Jonathan, glaubst du wirklich, dass ein Polizist mit dir zusammen in deinem Tipi Tee trinkt, abends um zehn Uhr? Weißt du, wer das war?"

„Saint Germain!", rief Jonathan aus. „Weißt du, in dem Augenblick, als er sich setzte, kam mir etwas merkwürdig vor. Ich habe diesen Polizisten noch nie vorher in der Stadt gesehen. Er hatte eine so schöne Energie."

„Genau", sagte Pearl augenzwinkernd.

Selbst eine Woche später sagte Jonathan, dass die schöne Energie dieses Polizisten sich immer noch im Tipi hielt.

Einige Tage später wanderte er den Berg hinauf, überquerte den Grat und ging hinunter zum Squaw Meadow, wo Guy Ballard, der Autor von *Enthüllte Geheimnisse,* im Sommer 1930 Saint Germain begegnet war. Er schlug dort sein Lager auf, das er Shiva Camp nannte, nach dem Hindu-Gott, der Illusion zerstört. Es kamen Leute zu Besuch und brachten ihm oft Verpflegung. Manchmal verbrachten sie dort die Nacht. Wenn der Schnee schmolz, brachte er das Lager weiter nach oben, bis es im Spätsommer gerade unterhalb des Gletschers war. Die meiste Zeit wanderte er nackt umher, badete im Gletscherbach, und meditierte auf einem Felsen in der Sonne.

Wenn er alle paar Wochen vom Berg herunter und in die Stadt kam, saß er oft draußen vorm Heart Rock Café, das im Zentrum der Stadt war. Er strahlte so viel Christusenergie aus, dass die Leute nahe bei ihm sitzen wollten, und Fremde kauften ihm oft ein Frühstück. Ich sah ihn dort oft, wie er den Berg hinaufstarrte, versunken in Kontemplation.

Am 4. Juli waren alle Straßen in der Stadt voller Menschen, die von überall aus dem nördlichen Kalifornien und aus dem Süden von Oregon kamen, um an den Veranstaltungen teilzunehmen, die von der Stadt finanziert wurden. Ich war überrascht, Jonathan beim Café zu sehen, denn ich hatte gedacht, er würde den Menschenmassen aus dem Weg gehen, und in der Abgeschiedenheit des Berges bleiben. Doch war er hier, von Leuten umgeben, und der Lautsprecher plärrte Durchsagen an jene, die an den jährlichen Wettläufen teilnehmen wollten. Er war bemerkenswert friedvoll, und er blickte mit seinen blauen Augen auf die Menschenmenge.

„Ich dachte, du würdest oben auf dem Berg bleiben, Jonathan", sagte ich.

„Nein, ich spürte die Notwendigkeit, in der Stadt zu sein, um meine Arbeit zu tun."

Ich war überrascht über seine Verwendung des Wortes „Arbeit", denn das war das Thema, dem er aus dem Weg ging, sehr zum Leidwesen jener, die der Meinung waren, er sollte sich eine Arbeit suchen.

„Welche Arbeit?", fragte ich, und war neugierig, was er darunter verstand.

„Das Feld halten. Das ist meine Arbeit...das Feld halten."

Ich erkannte dann, dass er durch seine bloße Anwesenheit die Christusschwingung auf alle übertragen konnte. Später las ich, dass Krishna gesagt hatte:

> *Kenne das Feld wie auch den Kenner des Feldes.*
> *Ich bin das Selbst, das sich in den Herzen*
> *aller Wesen befindet.*
>
> – Krishna, *Bhagavad Gita*

Eines Morgens lud ich Jonathan zum Frühstück im Black Bear Diner, unten bei der Autobahn ein. Als er neu in der Stadt war, hatte er dort einige Wochen lang das Geschirr von den Tischen abgeräumt. Damals hieß es „Jerry's", aber heute spendierte uns der Eigentümer, Bob Manley, das Frühstück. Er musste Jonathans Energie gespürt haben, denn immer, wenn wir dort aßen, übernahm er die Rechnung.

Jonathan lachte, als er sich an die alten Tage in seiner letzten bezahlten Anstellung erinnerte. An einem Abend war er dort gewesen, als ein außergewöhnlicher Frühjahrsschneesturm begann, und Melissa, eine gutherzige Bedienung, gab ihm den Schlüssel zu ihrer nahe gelegenen Wohnung, damit er auf ihrem Sofa pennen konnte.

Nun lebte er von der Nächstenliebe, und vertraute darauf, versorgt zu werden – und er wurde versorgt. Auch wenn ihn einige Leute einen Schmarotzer nannten, diese hätten unzweifelhaft dasselbe über Jesus gesagt.

Eines Tages saßen wir im Black Bear an einem Tisch am Fenster. Es ging zur Lake Street hinaus und man sah das Safeway gegenüber der Straße. Er vertraute mir an, dass er immer noch an dem Biss einer Braunen Einsiedlerspinne litt, den er sich während seiner Zeit im Dschungel auf Kauai zugezogen hatte. Was ihm am meisten geholfen hatte, sagte er, war das Rezitieren des Vajrasattva-Mantra, das ihm von einem Lama gegeben worden war. Als ich es hören wollte, sang er leise die Sanskritworte, und mein Bewusstsein war augenblicklich angehoben.

Ich bat ihn, es mich zu lehren, aber er sagte, „Du musst zuerst die Ermächtigung von einem Lama empfangen, bevor du mit dem Praktizieren anfängst, aber ich gebe dir die Worte."

Das Schild vom Safeway gegenüber der Straße schien eine Botschaft vom Göttlichen Geist zu sein, dass es sicher war, ohne einen Lama zu lernen. Also schrieb er die Worte, und als ich sie las, spürte ich einen Schauer der Glückseligkeit.

„Jonathan, ich brauche keine Erlaubnis von einem Lama. Ich habe gerade die Ermächtigung direkt von Vajrasattva selbst empfangen!" Die Schwingung selbst war die Ermächtigung. Auch wenn das Mantra aus einhundert Silben bestand, konnte ich sie am nächsten Tag wunderbarerweise auswendig. Dieses Mantra, das mich Jonathan im Black Bear Diner lehrte, wurde zu meiner Kernpraxis für viele Jahre, und es versagte nie, mich in ein Bewusstsein und eine Reinheit über alle menschlichen Sorgen hinaus zu erheben.[5]

---

[5] Sanskritmantras rufen nicht nur eine Gottheit an, das Mantra selbst ist die Aktivität der Gottheit. Daher wird durch Rezitieren eines Mantra die Realität verändert. Affirmationen sind etwas anderes. Eine ICH BIN-Affirmation, die man in der eigenen Muttersprache rezitiert, kann auch effektiv sein, wenn sie mit dem Bewusstsein über die Quelle gemacht wird. Leider rezitieren viele Menschen Affirmationen ausschließlich aus dem Verstand. Während sie sich in Gedanken verfangen, verlieren sie die Verbindung zur Quelle, und rufen lediglich ihren persönlichen Willen an. Aus diesem Grund werden Sanskritmantras häufig in Tibet und Indien verwendet. Das Sanskrit-

Jonathan River Wolfe

alphabet besteht weitgehend aus ursprünglichen Lauten, die Aspekte des universalen Bewusstseins anrufen. Deshalb geben Kleinkinder weltweit dieselben Laute von sich, ungeachtet ihrer Muttersprache. Einige dieser Laute sind Sanskrit-Mitlaute: Mama, Dada, Papa, Kaka, Gaga. Einige der Vokale sind auch die Laute, die Menschen in bestimmten universellen Situationen von sich geben: Ahh, Eee, Ooo, Eh, I, Ow und Umm.

KARMA AUF SICH NEHMEN

In Hawaii hörte Jonathan, wie ein Lama über Mitgefühl sprach. Er sagte, wir sollten Mitgefühl für alle Wesen haben, selbst für jene in den niederen Bereichen, wie Dämonen und hungrige Geister. Diese Geister sind jene, die mit unerfüllten Begierden sterben, und daher „hungrig" sind, was sie daran hindert, als Menschen wiedergeboren zu werden, bis ihre Begierden erfüllt oder umgewandelt sind. Da Jonathan mit diesen Wesen Mitgefühl hatte, schwor er, in jener Nacht während des Schlafs seinen Körper zu verlassen und in den Bereich der hungrigen Geister zu gehen, um jenen zu helfen, die dort eingesperrt waren.

Er ging in ein Land, wo er Menschen leiden sah, und als er sich ihre traurigen Klagen anhörte, erschien Yamataka, der Herrscher dieser Welt, der in einer Hand einen mit Juwelen besetzten Stab trug. „Du willst ihnen also helfen?", fragte er.

Jonathan nickte, und Yamataka schlug mit dem Stab auf seinen Arm. Als er am Morgen aufwachte, zitterte der Arm, auf den Yamataka geschlagen hatte. Er schenkte dem keine Beachtung, aber nach einer Woche andauernden Zitterns ging er zu dem Lama zurück, und bat um Hilfe.

Der Lama nickte ohne erkennbares Mitgefühl, und gebot ihm, weiterhin das Mantra zu rezitieren. Im Laufe der Jahre nahm das Zittern zu, bis schließlich sein ganzer Körper bebte. Es schien die Parkinson-Krankheit zu sein, aber Ärzte konnten sie nicht feststellen. Trotz seines Leidens spürte er, dass sein Wunsch, Menschen in der Unterwelt zu helfen, gewährt worden war – dass er einiges von ihren Leiden auf sich genommen hatte – und dass er durch fortgesetztes Rezitieren des Mantra ihre Reinigung voranbrachte. Er rezitierte weiterhin das Einhundert-

Silben-Mantra, das Vajrasattva anruft, den Gott der Reinheit, die Gottheit, die die Geistströme aller Buddhas anruft.[6]

Trotz dieses Zitterns blieb Jonathan glücklich und gutmütig, so sehr, dass er sogar andere aufmunterte. Wenn man in einer schlechten Stimmung war, und ihn besuchte, so ging man ganz sicher glücklich fort. Wenn er trotz des Zitterns glücklich sein konnte, so fühlte man, dass man selber auch glücklich sein konnte.

Er hatte Bilder von Heiligen und Yogis aus aller Welt an seinen Wänden. Er unterhielt sich mit ihnen wie mit alten Freunden, und sein Zimmer war erfüllt von ihrer Gegenwart. Im Laufe der Zeit wurde er immer mehr wie sie, und er strahlte vor innerer Freude. Einige Leute knieten sich spontan vor ihm nieder und baten um seinen Segen, wenn sie in seine Gegenwart kamen.

Eines Tages kam seine langjährige Freundin, Jude, auf einen kurzen Besuch vorbei. Sie kochte ihm oft Mahlzeiten und schaute jeden Tag nach ihm. Sie klopfte an die Tür, aber sie erhielt keine Antwort. Da er nie die Tür verschloss, ging sie hinein. Sein Körper lag auf dem Boden mit einem friedvollen Gesichtsausdruck. Er zitterte nicht mehr – endlich frei, um unter den Sternen zu reisen.

---

[6] Das Einhundert-Silben-Mantra ruft Einssein mit allen Qualitäten des Göttlichen Geistes an. „Was auch immer es für Manifestationen gibt, von Reichen, Palästen und Formen, ... sie existieren nicht auf einer Gesamtebene. Sie sind Formen von *Shunyata* (Leerheit), ausgestattet mit allen höchsten Qualitäten. Daher ist bekannt, dass sie den Aspekt besitzen, ohne Selbst-Natur zu sein. Der Geist dieser Buddhas wird fortwährend mit der Weisheit der unveränderlichen, nicht-dualen Segens-Leerheit gefüllt." – Dilgo Khyentse Rinpoche.

FLIEGEN

Ich las in der Zeitung, dass Dee Thurmond im Weed Airport, der etwa zehn Meilen nördlich von Mount Shasta liegt, eine Flugschule eröffnete, auf dem Land, wo viele Jahre zuvor die Ranch von Pearl und Jerry angesiedelt war. Ich spürte eine innere Führung, das neue Unternehmen zu besuchen und einen Segen zu übermitteln, in der Art wie Pearl es gelehrt hatte. Indem ich meine Aufmerksamkeit nach innen richtete und die ICH BIN-Affirmationen und Visualisierungen anwandte, konnte ich meine Gedanken Wirklichkeit werden lassen.

Während ich damit beschäftigt war, kam ein sportlicher junger Mann auf mich zu und stellte sich als Erik Kampe vor, der Chef-Fluglehrer und ehemaliger „Green Beret"*, der in Vietnam gedient hatte.

„Möchten Sie eines der Flugzeuge anschauen?", fragte Erik.

Ich sagte, das würde ich gern, also gingen wir hinüber zu einer Cessna 150, die in der Nähe stand.

„Möchten Sie einsteigen?"

„Sicher, warum nicht?", antwortete ich und ging zur Passagierseite.

„Nein, setzen Sie sich in den Pilotensitz."

Ich kletterte hinein und fand das Steuerhorn in meinem Schoß liegen, und eine Reihe von Skalen und Instrumenten vor mir.

„Drehen Sie den Zündschlüssel," sagte er schmunzelnd.

Als der Motor zum Leben erwachte, erlebte ich eine Kindheitsfantasie wieder, dass ich eines Tages ein Kampfpilot sein würde.

---

* Wikipedia: Spezialeinheit der US-Armee; d. Übers.

„Möchten Sie das Flugzeug ein wenig umherrollen?", fuhr Erik auf nüchterne Art fort.

Ich sagte, das würde ich gern, also wies er mich an, die Pedale zu verwenden, um mit dem Bugrad die Richtung zu steuern, und bald waren wir am Anfang der Startbahn. Dann sagte er, „Schieben Sie die Drossel ganz nach vorne, und halten sie das Bugrad auf der gelben Linie."

Der Motor brummte kraftvoll auf, und wir sausten die Startbahn entlang. Als sich der Bug vom Boden abhob, waren wir plötzlich in der Luft. Ich schaute ängstlich zu Erik, und er grinste, „Das macht Spaß, oder?"

Während ich aus dem Fenster schaute, sah ich den Flughafen kleiner werden und schließlich verschwinden. Wir stiegen weiter auf, erhoben uns über Felder, Scheunen und Bäche, flogen in die Wolken und dann in den blauen Himmel.

Er ließ mich die Maschine absenken, machte eine Linkskurve, und wieder war der Flughafen zu sehen. Nach zwei weiteren Kehren sah ich die Landebahn genau vor mir.

Nehmen Sie Gas weg und ziehen Sie diesen Knopf", sagte er.

„Was würde geschehen, wenn ich diesen Knopf nicht ziehe?"

„Der Motor würde stehen bleiben und wir würden umkommen."

„Gut, ich zieh den Knopf", sagte ich, und später fand ich heraus, dass dadurch Wärme zum Vergaser geleitet wurde, damit dieser nicht vereiste.

„Nun richten Sie den Bug auf diese Lichter an der Seite der Landebahn aus. Das wird uns leiten, um den richtigen Gleitwinkel einzustellen."

„Abfangen!", rief er einige Sekunden bevor die Räder die Piste berührten. Der Bug hob sich und ging wieder runter, als zwei Räder und dann das Bugrad die Piste berührten. Am Ende der Piste drehte ich das Flugzeug und steuerte auf der Rollbahn zurück zum Flughafenbüro.

„Stellen Sie den Motor ab", befahl er.

Ich drehte den Zündschlüssel, und plötzlich war es still. Ich war verblüfft, dass ich gerade eine Flugzeug geflogen hatte, ohne vorherige Unterweisung. Als ich an jenem Morgen aufgewacht war, hatte ich überhaupt keinen Gedanken daran, dass ich an diesem Tag ein Flugzeug fliegen würde. So war das Leben als Schüler von Saint Germain. Drei Jahre lang wusste ich nie, was als nächstes kommen würde.

„Seien Sie am Samstag um zehn Uhr da, für Ihren nächsten Unterricht", sagte Erik. Als ich ihn ungläubig anschaute, zuckte er mit den Achseln, „He, es ist was es ist".

VERIRRT ÜBER DEN BERGEN

Nach drei Monaten Flugunterricht machte ich meinen ersten Langstreckensoloflug. Ich bildete mir ein, ich sei ein erfahrener Pilot, der alles tun konnte. Eines Tages dann sagte Erik, „Spring rein...flieg mich nach Fort Jones."

Das war eine kleine Stadt im Tal auf der anderen Seite der Berge, zwanzig Meilen Luftlinie westlich vom Flughafen. Ich wusste genau, wo die Stadt war, da ich dort Freunde hatte, und wusste, es sollte vom Abheben bis zur Landung nicht länger als fünfzehn Minuten dauern.

Wir stiegen in das Flugzeug und flogen bald etwa tausend Fuß über dem höchsten Gipfel. Es war ein schöner Tag, und ich war zuversichtlich, weil der Flug gut verlief, bis Erik fragte, „Wo sind wir?"

„Wir sind ungefähr auf halbem Weg nach Fort Jones."

„Ungefähr auf halbem Weg? Zeig es mir genau. Ich möchte auf der Karte sehen, wo wir sind", sagte Erik.

Ich zog die zusammengefaltete Karte zwischen den Sitzen hervor, öffnete sie und zeigte auf einen Punkt ungefähr auf halben Weg nach Fort Jones, und sagte, „Wir sind irgendwo hier."

„Irgendwo? Wo ist irgendwo?"

„Nun, das weiß ich nicht genau."

„Welchen Steuerkurs bist du geflogen?"

„Ich bin nach keinem geflogen," bekannte ich.

„Dann hast du dich verirrt."

„Nein, habe ich nicht."

„Wenn du nicht weißt, wo du bist, dann hast du dich verirrt! Ein Pilot muss unfehlbar sein. Ich möchte, dass du unsere

Position findest, einen Kurs berechnest, und uns zum Flughafen Weed zurückfliegst."

Ich machte vom Radiokompass Gebrauch, um das Montague-Drehfunkfeuer anzupeilen und ein weiteres vom Redding Funkfeuer, und zog Linien. Wir waren dort, wo sich die beiden Linien kreuzten, also zog ich eine Linie von diesem Punkt zurück zum Flughafen Weed, was ein Steuerkurs von achtundneunzig Grad war. Ich drehte das Flugzeug in eine Kurve und flog wieder geradeaus, als der Kompass achtundneunzig Grad anzeigte, und bald waren wir zurück, dort wo wir gestartet waren.

„Es gibt alte Piloten und es gibt waghalsige Piloten, aber es gibt keine alten waghalsigen Piloten", sagte Erik und ging dann steif davon. Auch wenn ich immer auf meine Intuition hörte, von da an flog ich nach Vorschrift. Bei einer Gelegenheit, als sich der Himmel mit Wolken zuzog und ich einen Notlandeplatz finden musste, rettete mir das, was Erik mich gelehrt hatte, das Leben.

Schließlich bekam Erik eine Anstellung als Pilot bei der FedEx. Eines Tages bekam er von der Flugüberwachung die Erlaubnis, hinter einem schweren Linienflugzeug zu landen. Er hätte verlangen können, eine weitere Warteschleife zu fliegen, um zu warten, bis sich die Wirbelschleppe beruhigt hatte, aber er hatte es eilig, um die Auslieferung abzuschließen und setzte die Landung fort. Das Flugzeug hat sich in den Turbolenzen überschlagen, und er und der Co-Pilot kamen ums Leben.

FLIEGEN NACH INTUITION

Gott ist mein Co-Pilot hieß ein Buch, und später gab es auch einen Film, der auf den Erlebnissen von Robert L. Scott im Zweiten Weltkrieg beruhte. Ich jedoch betrachtete Gott als meinen Piloten und mich selbst als den Co-Piloten. Nach dem Erlebnis mit Erik kartierte ich immer vor dem Start meinen Kurs.

Eines Tages jedoch hob ich mit meiner Cessna ab, und ging auf zehtausend Fuß, was fast die maximale Flughöhe dieses Flugzeugs mit kleinem Motor war. Ich hatte kein klares Ziel an diesem Tag, außer in dem Tal umherzufliegen. Es fühlte sich gut an, einfach dort hinaufzukommen, über menschliche Gedanken und Emotionen. Dort oben zu sein, war wie Meditation, wo der einzige Geist der eigene ist. Wenn ich auf diese Höhe kam, verschwanden alle Probleme mit anderen Menschen. Ich konnte sehen, welche Gedanken von mir kamen und welche von anderen. Alle Situationen wurden in einem neuen Licht offenbart. Bei einem kommerziellen Flug funktioniert das nicht, weil man von anderen Menschen mit all ihren Problemen umgeben ist.

An diesem Tag fühlte ich, dass ich irgendwo hingehen sollte, aber wo? Ich rief nach Führung mit der Affirmation,

Ich gehe dorthin, wohin ich gehen soll, und tue das, was ich tun soll.

Ich trimmte das Flugzeug, damit es gerade und horizontal flog, und stellte einen Standardkurvenflug ein. Ich spürte, dass ich meine Augen schließen sollte und wissen würde, wann ich die richtige Richtung hatte, in die ich fliegen sollte. *Erik würde sich im Grab umdrehen, wenn er mich mit über einhundert Meilen pro Stunde und mit geschlossenen Augen im Kreis fliegen sähe!*

Dann hörte ich, *jetzt geradeaus!* Als ich die Augen öffnete, zeigte der Kompass einen Kurs von einhundertzweiundachtzig Grad an. *Halte diesen Kurs,* hörte ich. Also flog ich so zwei Stunden lang weiter, bis ich in die Gegend der San Franzisko Bay kam. *Wohin nun?,* fragte ich mein Höheres Selbst und die Aufgestiegenen Meister, aber ich bekam keine Antwort. Es gab nun viele Flugzeuge, die in meiner Nähe flogen, also hielt ich scharf Ausschau nach ihnen.

Jetzt landen! Hörte ich.

Als ich hinunterschaute, sah ich Novato vor mir, und neben der Autobahn war der Marin County Airport. Nachdem ich nach anderem Flugverkehr geschaut hatte, begann ich einen Gleitflug und trat in das Landemuster des Flughafens ein. Bald war ich am Boden und rollte zum Zaun. Nachdem ich das Flugzeug festgebunden hatte, ging ich zum Tor, und fragte mich, *warum haben mich die Meister hierher geschickt?*

„Peter! Was machst du denn hier?", rief ein Mann, der am Tor lehnte. Als ich näher kam, sagte er, „Erinnerst du dich an mich? Wir sind uns vor einigen Jahren in Mount Shasta begegnet. Meine Frau und ich haben gerade darüber gesprochen, dich hierher einzuladen, um für unsere Meditationsgruppe einen Vortrag über die ICH BIN-Lehre zu halten!"

„Wie habt ihr gewusst, dass ich komme?"

„Ich war auf der Autobahn 101 auf dem Heimweg von der Arbeit, und hörte eine Stimme sagen, ‚Nimm die nächste Abfahrt und fahre zum Flughafen', und nun bin ich hier. Willst du nicht mitkommen und bei uns übernachten? Meine Frau wird überglücklich sein. Sie wird unsere Freunde anrufen, und du kannst über die Meister sprechen."

Als wir in seinem Auto wegfuhren, sah ich am Zaun ein Schild, das diesen Flughafen als Gnoss Field identifizierte – das hört sich wie *Gnosis* an, das altgriechische Wort mit der Bedeutung spirituelles Wissen und Selbstmeisterschaft.

GESCHÜTZT VON SAINT GERMAIN

Wann immer ich flog, bat ich Saint Germain, der Pilot zu sein, und meinen Flug zu führen und zu lenken. Bevor ich abhob, sagte ich still,

ICH BIN die Unbesiegbare Lichtröhre um dieses Flugzeug.
ICH BIN geführt, gelenkt und geschützt, durch den Aufge-
stiegenen Meister Saint Germain.

Als ich eines Tages abhob, hörte ich im Radio eine vertraute Stimme sagen, „Peter, drehe sofort nach links ab! Auf deinem Weg kommt dir ein Flugzeug entgegen!"

Ich dachte, *das ist seltsam, die Flugüberwacher in der Bodenleitstelle rufen niemanden mit Namen an, denn den wissen sie gar nicht — sie rufen immer nach dem Flugzeugmodell und der Registrierungsnummer des Flugzeugs an. Er sollte mich so angesprochen haben, „Cessna zwo-zwo-acht-eins-neun..."*

Ich erkannte jedoch die Stimme — es war ein Freund, der beim Flughafen Flugunterricht nahm — also drehte ich in eine scharfe Linkskurve ein und erschrak, als ein großer Hubschrauber vorbeisauste und entgegen der Verkehrsordnung landete. Das war illegal, aber es war ein abgelegenes Gebiet mit sehr geringem Verkehr, und er hatte es riskiert.

Einige Tage danach sah ich den Freund, der mich über Funk gewarnt hatte, und dankte ihm dafür, dass er mir mein Leben gerettet hatte.

„Wovon sprichst du? Ich war seit Wochen nicht beim Flughafen", sagte es. Ich wusste dann, dass an diesem Tag der Funker wie auch der Pilot Saint Germain gewesen waren.

SCHÜCHTERNHEIT ÜBERWINDEN

In der Zeit, als ich das Fliegen lernte, hielt ich mich viel im Flughafen Weed auf. Das Büro der Flugschule war ein alter Wohnwagen mit einem Schreibtisch und einigen Sofas, die sich gegenüberstanden. Es kamen dort alle möglichen Leute zusammen, vom Bauern bis zum Autobahnpolizisten, deren gemeinsamer Wunsch zu fliegen sie alle zusammenbrachte.

Da sie alle einen anderen Hintergrund hatten, hatten sie unterschiedliche Ansichten. Man versuchte jedoch, nicht einander zu verärgern, und suchte nach Gemeinsamkeiten – was oft das Wetter betraf. Als Kind habe ich mich immer darüber gewundert, wie Erwachsene darüber reden konnten, was sie glaubten, was das Wetter tun wird, aber nun sah ich, dass es einen Zweck hatte. Jeder fühlte sich wohl dabei, mitreden zu können, ohne beurteilt oder kritisiert zu werden. An einem klaren Tag konnte man sagen, „Am Nachmittag wird es sich zuziehen", oder wenn es regnete, konnte man sagen, „Die Sonne wird bald herauskommen." Die Meinungen der Leute wurden geachtet, und so fühlte sich jeder gut.

Als Kind war ich schüchtern und getraute mich nicht den Mund aufzumachen; aber nun begann ich, mich zu äußern. Ich sagte zu dem Autobahnpolizisten, der mir am Sofa gegenübersaß, „Es wird morgen warm und sonnig sein," und er sagte, „Ja, da könntest du recht haben."

Aber dann sagte der Bauer, der in der Ecke stand, „Nein, meine Kühe verhalten sich merkwürdig, das heißt, dass es regnen wird." Keiner hatte unrecht, jeder wurde geachtet. Bei stundenlangen Unterhaltungen in diesem Flughafenbüro lernte ich, Gemeinsamkeiten zu finden. Nach einiger Zeit konnte ich mit jedem reden. Ich war erstaunt, dass hinter den verschiedenen, manchmal groben Äußerlichkeiten alle im Grunde gut waren. Das war das, was Pearl objektives Lernen nannte. Die

Meister hätten das nicht in ihrem Retreat im Berg lehren können, sondern nur im täglichen Leben.

FALLSCHIRMSPRINGEN

Ich meditierte jeden Tag auf meine ICH BIN-Gegenwart, und auf Ihr Einssein mit den Aufgestiegenen Meistern, deren Bilder meine Wände zierten. Abends vor dem Schlafengehen las ich in den *ICH BIN Diskursen*, und betete, dass ich während meines Schlafes Führung für den nächsten Tag bekommen würde, und ich begann den nächsten Tag mit der Affirmation,

ICH BIN der Große Göttliche Direktor dieses Tages.

Dann versuchte ich den Aufforderungen des Herzen zu folgen, ganz gleich, wie ungewöhnlich oder unvorhersehbar die Führung erscheinen mochte.

Während ich in der Nacht von meinem dichteren Körper frei war, war mir oft bewusst, dass ich mit den Aufgestiegenen Meistern arbeitete. Ich reiste zu ihren Retreats an verschiedenen Orten in der ganzen Welt, und arbeitete mit anderen Seelen, die auch Schüler der Meister waren, und nach Wegen suchten, das Bewusstsein der Menschheit zu erhöhen. Diese Erfahrungen waren oft so lebendig, dass es schwierig war, mich tagsüber auf meine Arbeit in einem Immobilienbüro zu konzentrieren. Ich fragte mich oft, wie lange ich noch in physischer Verkörperung zu verbleiben hatte, und wann mein Aufstieg abgeschlossen wäre. Je mehr ich meditierte, desto mehr erhöhte sich meine Schwingungsrate, und umso weniger fühlte ich mich mit der Erde verbunden.

Eines Tages wurde ich von den Meistern losgeschickt, um für sie in New York Arbeit zu verrichten. Das bedeutete, zu verschiedenen Orten rund um die Stadt zu gehen, und Lichtsäulen aufzurufen, die sie zu unterhalten beabsichtigten. Ich rief auch die Violette Verzehrende Flamme auf, um die Stadt zu reinigen, und Erzengel Michael, um körperlose Entitäten zu entfernen. Wo auch immer ich hinging, wandte ich meine Aufmerksamkeit der Inneren Sonne zu, und sandte Lichtstrahlen aus. Während das Licht voranleuchtete, wurde ich mehr und mehr leuchtend. Mein *Atman,* im Westen bekannt als die ICH BIN-Gegenwart, wurde zu einer dinglichen Kraft, die in Harmonie mit den Aufgestiegenen Meistern, Engeln und Kosmischen Wesen arbeitete – die alle ihre eigene Strahlung aussandten.

Abends, wenn die Arbeit getan war, nahm ich den Zug vom Grand Central Station zurück in die Vorstadt, wo ich bei meiner Mutter wohnte. Eines Abends schaltete sie nach dem Abendessen den Fernseher ein, und wir schauten eine Sendung übers Fallschirmspringen. Als ich die Leute aus dem Flugzeug springen und zur Erde zurückschweben sah, sagte mir Saint Germain zu meiner großen Überraschung, „Ich möchte, dass du Fallschirmspringen gehst."

Da ich als Pilot in kleinen Flugzeugen viel Zeit oben in der Luft verbrachte, reizte mich Fallschirmspringen nicht. Jedoch kam mir der Gedanke, *vielleicht ist dies das Mittel, das die Meister bereitstellen, damit ich meinen Körper verlassen konnte?*

Am nächsten Tag hielt ich Ausschau nach einer Schule für Fallschirmspringen, aber es gab keine in der Nähe, so vergaß ich es völlig. *Vielleicht hatte ich mich geirrt?* Wenn die Meister wollen, dass du etwas tust, dann stellen sie einem normalerweise auch die Mittel bereit.

Meine Arbeit in New York war beendet, und ich kaufte ein Flugticket, um nach Los Angeles zu fliegen. Dort würde ich in einen Flug nach Redding umsteigen, das sechzig Meilen von Mount Shasta entfernt liegt.

Als ich im LaGuardia Airport eincheckte, sah ich, dass das Flugzeug nur halb voll sein würde, und ich bat um einen Platz in der breiten Mittelreihe, in der Hoffnung, ich könnte mich hinlegen und kurz schlafen. Aber die Angestellte sagte, da wäre eine weitere Person in meiner Reihe, und sie könne keinen anderen Platz zuweisen.

Als ich im Gang zu meinem Platz ging, erschrak ich, da ich eine Frau auf dem Platz neben mir sitzen sah, die einen Overall trug, wie die Fallschirmspringer, die ich gesehen hatte.

„Machen Sie Fallschirmspringen?", platzte ich heraus.

„Ja, das tue ich", antwortete sie. „Wenn Sie auf diesem Flug nach Hawaii bleiben, gebe ich Ihnen die Telefonnummer meines Lehrers dort."

Nach Hawaii weiter...zum Fallschirmspringen? Es war ein weiterer Plan der Aufgestiegenen Meister. Hier waren nun die Mittel, um das zu tun, was Saint Germain erbat. Als das Flugzeug gelandet war, ging ich zum Schalter der Fluglinie und tauschte das Flugticket um. Nun flog ich nach Honolulu.

Merkwürdigerweise gab es ein Einzelzimmer in dem berühmten Hotel Halekulani, am Strand bei Waikiki. Merkwürdigerweise gaben sie mir das Zimmer zu einem niedrigeren Preis, obwohl Hauptsaison war – was ein weiterer Hinweis zu sein schien, dass ich dem Plan des Meisters folgte.

Als ich in meinem Zimmer war, rief ich sofort den Eigentümer der Schule für Fallschirmspringen, Byron Black an, und er sagte, er würde mich um neun Uhr am nächsten Morgen abholen. Er war pünktlich da, und ich stieg zusammen mit einigen anderen, die den Sprung auch machen wollten, in das Auto ein. Wir fuhren Richtung Haleiwa, und nach ungefähr einer Stunde bogen wir von der Strasse ab zu einem einmotorigen Flugzeug am Ende einer unbefestigten Landebahn.

Wir stiegen aus, und Byrons Sohn ließ uns rechtskräftige Erklärungen unterschreiben, die besagten, dass wir die Gefahr des Abspringens aus einem Flugzeug kannten, und sie von der Haftung entbunden waren – nicht gerade ein ermutigender Anfang. Jedoch begann bald die Unterweisung, und er zeigte uns, wie man den Hauptfallschirm auslöste, und falls der sich

42

nicht öffnete, den Reserveschirm entfaltete. Da war ein kleines Sende-Empfangsgerät an unserer Brust befestigt, das man verwenden konnte, um Hilfe zu rufen, aber ich fragte mich, welche Hilfe man bekommen könnte, wenn man mit zweihundert Meilen pro Stunde auf den Boden zurast.

Zur Übung stiegen wir abwechselnd auf eine Plattform, etwa sieben Fuß (ca. 2 Meter) über dem Boden und sprangen herunter, was den Aufprall auf den Boden simulieren sollte. Die Person neben mir flüsterte mir ins Ohr, dass Fallschirmspringer beim Militär vor dem ersten Absprung zwei Wochen lang üben; Byron jedoch versicherte uns, dass wir bereit wären. Er gab die Fallschirme aus und wir zogen sie über. Bald stieg ich mit dem Lehrer und einem weiteren Springer ins Flugzeug.

Ich schaute meinen Fallschirm an, und fragte mich, wer ihn wohl gepackt hatte, und ob dieser einen guten Tag hatte. *Wird er sich öffnen?* Die Aufziehleine des Fallschirms war an einem Fixseil befestigt, ein am Flugzeug mit einer Schraube befestigtem Seil, das den Fallschirm nach dem Sprung auffalten sollte. Ich fragte mich, *wenn sich der Fallschirm so verlässlich öffnete, warum verbrachten sie so viel Zeit damit, uns beizubringen, was zu tun wäre, wenn er sich nicht öffnete?*

Das kleine Flugzeug sauste die Startbahn entlang. Da ich selber ein Pilot war, schaute ich interessiert zu, wie wir uns bemühten, an Höhe zu gewinnen, über den Zuckerfeldern aufstiegen, über das Meer schwenkten und dann zurück über die Felder zur Stelle unseres Absprungs.

„Was auch immer ihr macht, landet nicht im Meer", rief der Lehrer durch das Brüllen des Motors. Ich fragte mich, wie das vermieden werden konnte, wenn der Wind zunehmen würde, aber es war zu spät zum fragen. Er rief, „Fertig zum Absprung!"

Wir schienen schrecklich nahe am Boden zu sein, und ich fragte den Lehrer, „Können wir nicht noch tausend Fuß hinaufgehen, damit wir mehr Zeit haben, den Reserveschirm zu öffnen, sollte etwas schiefgehen?"

„Wir machen den ersten Sprung immer aus dreitausend Fuß", fauchte er zurück. *Ja, um Benzingeld zu sparen,* dachte ich.

„Erster Springer!", rief der Lehrer.

Der andere Springer stieg hinaus auf das Kantholz, das als Tritt diente und an der Seite des Flugzeugs angeschraubt war. Seine Hände umklammerten die Strebe.

„Spring!", rief der Lehrer.

Der Mann warf die Arme zurück, wie unterwiesen, und eine Sekunde später entfaltete sich der Fallschirm zu einem schönen weißen Baldachin.

Während ich mich bereitmachte, sah ich ein orangefarbenes Glühen hinten am Flugzeug, welches die unverwechselbare Form von Satya Sai Baba annahm. Seine Anwesenheit war beruhigend, und das umso mehr, als er seine Hand zu einem Segen hob und sagte, „Hab keine Angst, ich bin hier."

Bedeutet das, er wird mich schützen, oder dass ich dabei bin, meinen Körper zu verlassen?, fragte ich mich. Aber da war keine Zeit zum Nachdenken.

„Sie sind der Nächste! Steigen Sie aus, Hände an die Strebe", rief der Lehrer.

Ich bewegte mich vom Hinterteil des Flugzeugs, wo ich hockte, nach vorne zur rechten Seite, wo die Tür entfernt worden war und nun ein Loch klaffte, durch das der Wind brauste. Als ich hinunterschaute, schlug mir das Herz bis zum Hals. Ich konnte die anderen Springer am Boden als kleine Gruppe sehen, wie sie in den Himmel schauten. Die Autos, in denen sie gekommen waren, sahen wie Spielzeug aus. Ich überwand den ersten Schrecken und setzte einen Fuß auf den Holztritt und ergriff die Strebe mit beiden Händen.

„Springen!", rief der Lehrer.

Ich warf meine Arme nach oben in die Luft und machte ein Hohlkreuz, wie es uns gelehrt worden war. Ich wartete auf den Ruck des sich öffnenden Fallschirms, aber ich spürte nichts, nur den pfeifenden Wind in meinen Ohren. *Wo ist mein Fallschirm?* Er hatte sich nicht geöffnet.

Statt des weißen Baldachin, den ich sehen sollte, war da ein trudelnder Lappen, der sich kringelte wie Wasser, das einen Abfluss hinunterrinnt. Die Zeit schien anzuhalten. Ich zog mich an den Fangleinen (der Hauptkappe) nach oben, und ließ sie dann los, im Bemühen, den Fallschirm mit einem Ruck zu öffnen, wie wir es gerade geübt hatten, aber nichts geschah. Ich versuchte es noch einmal, hochziehen, dann loslassen, aber der Fallschirm über mir flatterte immer noch. *Also, das war's!*, dachte ich.

Ich sah den Boden näher kommen, und erkannte, dass meine Zeit abgelaufen war. Es war zu spät, um den Reservefallschirm zu entfalten. Dann wurde alles schwarz.

Ich saß an einem Tisch mit drei Meistern in weißen Roben. In der Mitte saß Saint Germain, und er sagte mit einem Lächeln, „Peter, du hast auf der Erde noch viel zu vollbringen. Hier, trink ein eisgekühltes Bier!"

„Was!", rief ich aus, aber er und die anderen Meister waren verschwunden. Ich fand mich am Boden liegend und nach Luft ringend, und Schmerzen schossen durch meine Füße.

„Hier, trink ein eisgekühltes Bier!", sagte ein Lehrer, und drückte mir eine Flasche in die Hand. Ich hob meinen Kopf, und sah, dass ich eine kalte frostige Flasche in der Hand hielt. Was tat ich da? Ich hatte zwanzig Jahre lang keinen Alkohol angerührt, doch Saint Germain hatte mir gerade ein Bier angeboten, und schon war es da!

„Alles in Ordnung?", rief der Lehrer neben mir.

Heiße Nadeln schossen von meinen Zehen die Beine hinauf, aber ich lebte.

„Trink...es wird dich in deinem Körper halten", beharrte der Lehrer.

Ich nahm einige lange Züge aus der frostigen Flasche und fühlte mich besser. Zwei Männer trugen mich zurück zum Sammelpunkt, wo einer sagte, „Hier, nimm noch eines", und er drückte mir ein weiteres Bier in die Hand.

„Pech gehabt, Junge... du hast dir wahrscheinlich ein paar Zehen gebrochen...nun, es ist was es ist."

DIE FLIEGENDEN UNSTERBLICHEN

Es gab im alten China Meister, die angeblich mehrere hundert Jahre lebten, und mit ihren physischen Körpern fliegen konnten. Ich hatte Kampfkunstfilme gesehen, in denen solche Wesen gezeigt wurden, wie sie zwischen Baumwipfeln segelten. Ich wollte an sie glauben, aber als Westler mit wissenschaftlichem Hintergrund, würde ich das nicht ohne Beweis tun. Als ich dann das Buch *Chinese Tonic Herbs* [Chinesische Stärkungskräuter], von Ron Teeguarden las, in dem er jemanden interviewte, der behauptete, Informationen über diese als fliegende Unsterbliche bekannte Wesen aus erster Hand zu besitzen, begann ich die Möglichkeit in Betracht zu ziehen, dass es solche Wesen gegeben hat. Alte chinesische Kunst und Literatur nehmen in der Tat Bezug auf diese Meister.

Ich hatte auf einem Hügel nahe Woodstock in New York eine Farm, wo ich 1968 beabsichtigte, einen Aschram zu eröffnen. Leute von überallher pflegten zu Besuch zu kommen, manche blieben übernacht, andere blieben Monate. Darunter war eine Heilerin namens Sarada. Da ich kurz zuvor von einer sechsmonatigen Pilgerreise in Indien zurückgekommen war, wo ich ernsthafte Gesundheitsprobleme bekommen hatte, freute sie sich, an mir Heilarbeit zu leisten. Ihre Spezialität war das Übertragen von Energie von ihrem Höheren Selbst, durch ihre Hände. Ihre Hände berührten den Körper nicht, sondern bündelten die Energie über den zu heilenden Stellen.

Eines Abends, nachdem ich den ganzen Tag im Garten gearbeitet hatte, war ich erschöpft und legte mich mit dem Gesicht nach unten auf meine dünne Futonmatratze, die ausgerollt auf den Brettern des Holzbodens des alten Farmhauses lag. Als mir Sarada Energiearbeit anbot, nahm ich das dankbar an. Die Sitzung begann normal, ihre Händen befanden sich ungefähr 30 Zentimeter über meinem Rücken. Dann ließ sie mich umdrehen, um im Verdauungsbereich zu arbeiten, der noch nicht ganz gesundet war. Die Energie war so entspannend, dass ich einschlief, und sie ging auf ihr Zimmer, um ein Buch zu lesen.

Schließlich wachte ich auf, aber ich konnte den Druck des Bodens an meinem Rücken nicht mehr fühlen. Als ich meinen Kopf drehte, sah ich die Oberseite der Vorratstruhe einige Fuß entfernt von mir. *Das ist sonderbar,* dachte ich, denn als ich mich auf den Boden gelegt hatte, hatte ich auf die Seite der Truhe geschaut. Nun, vollkommen wach, schaute ich hinunter und sah meinen Körper ungefähr 60 Zentimeter in der Luft schweben. Erschrocken hob ich meinen Kopf, um mich aufzusetzen, kam aber stattdessen mit einem lauten Krach herunter auf den Boden.

Sarada kam hereingelaufen und rief, „Was ist geschehen?"

„Ich glaube, ich schwebte."

„Das musst du wohl, denn der ganze Flur bebte", sagte Sarada. „Du bist der erste meiner Klienten, der das getan hat, aber ich habe gehört, dass es bei anderen geschehen ist."

Nach diesem Ereignis begann ich die Legenden von den fliegenden Unsterblichen ernster zu nehmen, besonders ein paar Jahre später, als ich *Tiger and Dragon* gesehen hatte, einen Film, der die alten Geschichten solcher Meister in Szene setzte.

IDENTIFIZIERTES FLUGOBJEKT

Ich traf 1974 in Mount Shasta einen ehemaligen Militäroffizier namens Wendelle Stevens. Er fotografierte für die Air Force in der Arktis UFO-Erscheinungen. Als er in den Ruhestand trat, untersuchte er weiterhin auf eigene Faust Fälle, bei denen es um vermuteten außerirdischen Kontakt ging. Seine Arbeit war hoch angesehen, weil er keine voreiligen Schlüsse zog, sondern für seine Untersuchungen militärische Disziplin anwandte. Kurz nachdem ich ihn getroffen hatte, reiste er in die Schweiz, um den Fall Billie Meier zu untersuchen. Jahre später lebte ich in Tucson in Arizona, wo Wendelle ebenfalls lebte, und ich besuchte ihn.

Er erzählte mir, dass Eduard „Billie" Meier behauptete, dass er von einer Frau von den Pleiaden kontaktiert worden war, die sich mit ihm viele Male getroffen hat, und die ihn sogar an Bord ihres Raumschiffes mitnahm. Es gab viele falsche Behauptungen, aber Wendelle blieb aufgeschlossen. Aufgrund seines Nicht-Urteilens und seiner lockeren Art wurde er zu einem vertrauten Freund der Familie Meier. Eines Tages saßen sie alle um den Tisch seines am Hang gelegenen Bauernhofes, als sich Billie aufrichtete und bekanntgab, „Sie melden sich, ich bekomme Kontakt."

Trotz des gerade einsetzenden starken Regens stand er auf und ging zur Fliegengittertür. Wendelle folgte ihm, einen Schritt hinter ihm. Billie ging hinaus, und die Tür schlug zu. Einen Sekundenbruchteil danach öffnete Wendelle die Tür, aber Billie war verschwunden. Es war nur ein einziger Fußtritt im Schlamm...

Das reine Herz von Mutter Maria

DIE KRAFT DER REINHEIT

In Indien, in den 1970er Jahren, gab es in ländlichen Gegenden in den meisten Häusern kein fließendes Wasser oder Toiletten. Jeden Morgen ging man hinaus ins Feld, um sich zu erleichtern, ohne sich auch nur im Geringsten um den Rest der Welt zu kümmern. Wenn man in dieser Kultur aufgewachsen war, dann war das für einen so natürlich wie es das für den Haushund war.

In den alten Tagen in diesem tropischen Klima liefen die Frauen oft mit nacktem Oberkörper herum wie die Männer, und die Frauen stillten ihre Kinder unbekümmert in der Öffentlichkeit. Als jedoch die Briten in Indien einmarschierten, führten sie zwangsweise ihre viktorianischen Vorstellungen von Anstand ein, und nun sollten Frauen oberhalb des Ellenbogens keinen nackten Arm und kein nacktes Bein oberhalb der Knie zeigen. Ich fragte mich, wie man sich unter dieser lästigen Bürde, ohne ein Bad zu haben, waschen konnte.

Diese Frage wurde eines Tages beantwortet, als ich frische Mangos einkaufen ging. Ich ging einen Weg durch ein Feld, bis ich bei einem Dorf mit einem Dutzend Strohhütten und einem Brunnen in der Mitte ankam. Eine Pumpe spie Wasser aus einem Zapfhahn. Als ich die Wasserquelle ansteuerte, um mich abzukühlen, bemerkte ich eine junge Frau, die neben dem Brunnen anfing, sich zu waschen.

Ich schaute neugierig zu, als die junge Frau einen zusätzlichen Sari an die Wand hinter der Pumpe legte, dann jeweils einen Teil ihres Körpers wusch, und dabei nie mehr als den äußeren Abschnitt eines Körpergliedes freimachte. Niemand schenkte ihr Beachtung, und sie schien in eine Aura der Reinheit gehüllt zu sein.

Am Ende ihrer Waschungen hatte sie sich vollständig gewaschen, den alten Sari gereinigt und einen frischen angelegt.

Auch wenn ich die ganze Prozedur beobachtet hatte, konnte ich nicht begreifen, wie sie das vollzogen hatte. Sie schien meiner Anwesenheit nicht gewahr zu sein.

Wie anders sie doch war als jene mit einem Bikini bekleideten Frauen am Strand von Santa Monica, die darauf erpicht sind, die Aufmerksamkeit der Männer auf sich zu ziehen. Östliche und westliche Kulturen handhaben diese heilige Energie so unterschiedlich.

Während ich zurückdachte an die Frau am Brunnen, erkannte ich, dass ihr Waschen ein bewusst ausgeführtes Ritual war, bei der sie sich als Gottheit visualisierte, und dabei das Mantra der Reinheit rezitierte. Während sie dieses tantrische Ritual anwandte, war sie nicht nur eine Frau, die ein Bad nahm, sondern eine Göttin, die die Welt reinigte.

Ich sah, wie diese Aura der Reinheit auch bei anderen Gegebenheiten angerufen wurde, z.B. zum Schutz gegen Krankheit. Mein erster Guru, Ramamurti Mishra, ein Doktor der Medizin, ging einmal nach Bangladesch, um während einer Choleraepidemie zu helfen. Man fragte ihn, ob er Angst habe, krank zu werden, aber er lächelte nur. Nachdem er zwei Monate in Dörfern unter den Kranken und Sterbenden gelebt hatte, kehrte er vollkommen gesund zurück.

BABA ZU BESUCH IM BMW

Als ich 1972 bei Satya Sai Baba in Puttaparti, in Indien weilte, sagte er mir, ich solle auf das „ICH BIN"[7] meditieren. Ich entdeckte später, dass man zuerst auf *Wer bin „Ich"?* meditieren muss, um vollständige Verwirklichung zu erlangen.

Fast vierzig Jahre später, im Herbst 2010, meditierte ich in meinem Schreinzimmer in Mount Shasta, als ich Babas unverwechselbare Gegenwart spürte. Seine Liebe erfüllte den Raum, als er sagte, „Ich frage meine Anhänger weltweit um Erlaubnis, meinen Körper verlassen zu dürfen."

Den Aschram zu leiten und Interviews zu geben, nahm den Großteil seines Tages in Anspruch, und ich wusste, dass er ohne diese Bürden mehr Freiheit haben würde, um die Welt zu bereisen und der Menschheit zu helfen.

„Natürlich, Baba, das ist für mich in Ordnung. Ich verstehe das, und ich werde versuchen, meine Anhaftung an deine physische Form loszulassen."

Er nickte anerkennend und sagte, „Komm und besuch mich, und ich werde dir ein letztes Interview geben, bevor ich meinen Körper verlasse."

Ich traf in Puttaparthi zum Naviratri ein, eine neuntägige Feier der verschiedenen Formen der Göttin, aber der Aschram war überfüllt mit Zehntausenden von Menschen, die mit ihm Kontakt haben wollten, und ich sah nicht, wie ich ein Interview bekommen sollte. Als ich in der Darshan-Halle saß, Schulter an Schulter mit tausenden begeisterter Anhänger, schien die Lage

---

[7] Dieses Erlebnis ist in meiner Autobiographie *Abenteuer eines Westlichen Mystikers,* Band I, *Suche nach dem Guru,* beschrieben. Nachfolgende Erlebnisse mit Aufgestiegenen Meistern, im Besonderen mit Saint Germain, sind aufgezeichnet in *Abenteuer eines Westlichen Mystikers,* Band II, *Im Dienst der Meister;* (beide Bände sind im BoD Verlag erschienen).

hoffnungslos zu sein. Als Baba schließlich erschien, war er nur als ein orangefarbener verschwommener Fleck weit vorne in der Halle zu sehen. Ich dachte, *es gibt keine Möglichkeit, wie er mich in der Menge finden kann.*

Die Liebe, die ihm aus der Menge zuströmte, war überwältigend. Als sie anfingen zu singen, „Sai Ram...Sai Ram...Sai Ram", war die Liebe, die die Halle erfüllte, überwältigend. Ich fühlte, wie es mir das Herz brach, und fing an zu weinen.

Ich senkte meinen Kopf, um die Tränen zu verbergen, die an meinen Wangen herunterliefen, und wurde plötzlich aus meinem Körper gehoben. Ich fand mich zu Füssen Sai Babas in seiner orangefarbenen Robe sitzend. Ich legte meine Stirn auf sein Knie, und spürte, wie seine Hand auf meinen Kopf niederkam. Mit höchster Anmut sagte er, „Mein Sohn, du hast meinen ewigen Segen...Ich werde immer bei dir sein."

Einen Augenblick lang schluchzte ich unkontrolliert, und wollte niemals mehr von seiner Gegenwart weg, aber plötzlich war ich wieder zurück in meinem Körper in der Menge.

Ich kehrte bald nach Mount Shasta zurück. Fünf Monate später dann, zu Ostern, am vierundzwanzigsten April 2011 verließ Sai Baba seinen physischen Körper, wie er es mir gesagt hatte. Auch wenn ich seinen Fortgang mental akzeptiert hatte, sehnte sich mein Herz nach seiner Gegenwart in menschlicher Form.

Obwohl er gesagt hatte, er werde immer bei mir sein, begann ich das Monate später zu bezweifeln, und sehnte mich nach einem Zeichen von ihm. Dann hörte ich ihn eines Tages sagen, „Mach einen Spaziergang, mein Junge".

Habe ich mir das eingebildet, aus Verlangen nach Kontakt mit ihm? Trotzdem ging ich zur Tür hinaus, und schlenderte die Strasse entlang, wie seine Stimme angewiesen hatte. Da ich in einem kleinen Neubaugebiet mit minimalem Verkehr wohnte, ging ich in der Mitte der Strasse. Als ich in die Mountain View Avenue einbog, kam ein schwarzer BMW-Z4-Sportwagen ohne Verdeck unerwartet um die Ecke aus der Hauptstrasse gefahren, dem Mount Shasta Boulevard.

Der war identisch mit dem, den ich vor Monaten bei einem Zwischenaufenthalt in der Schweiz auf dem Rückweg von Indien bewundert hatte. Während ich mit meiner Freundin Ruth die Strasse entlang ging, sah ich ihn vor einer Bank geparkt. Scherzend sagte ich zu Ruth, „Auch wenn ich Schwarz nicht mag, wäre ich glücklich, wenn du mir ein Auto wie dieses zu Weihnachten schenken würdest!"

Dieser schwarze BMW kam nun auf mich zu, und am Steuer saß Sai Baba. Nur schien er ungefähr fünfunddreißig zu sein und hatte glänzendes schwarzes Haar; und statt seiner orangefarbenen Robe trug er eine schwarze Lederjacke und eine Sonnenbrille mit schwarzer Fassung. Merkwürdigerweise machte das Auto keinerlei Geräusch, außer das Abrollgeräusch der Reifen auf dem Asphalt. Ich war so erschrocken, dass ich nicht von der Strasse wich, und der BMW fuhr einen Fuß breit an meinem Bein vorbei. Als er vorbeizog, ließ er ein strahlendes Lächeln aufblitzen und hob seine Hand mit der bekannten *Abhaya*-Geste, was bedeutet, „Hab keine Angst, ich bin da".

Ich stand da wie angewurzelt und wandte mich um, um zu sehen, wohin er fuhr. Als das Auto verschwand, bemerkte ich, dass keine Abgase aus dem Auspuffrohr kamen.

Wen mag er wohl besuchen?, fragte ich mich, da ich wusste, dass niemand in der Nachbarschaft ein Anhänger von ihm war. Ich kehrte um und ging die Strasse zurück, um zu schauen, wohin er gefahren war. Da die Strasse eine Sackgasse war, wusste ich, dass er nicht wegkonnte, ohne an mir vorbeizufahren. Doch als ich um die Ecke ging, war die Strasse leer. Baba und sein schwarzer BMW waren verschwunden. Dann hörte ich ihn sagen, „Hab ich dir nicht gesagt...ich bin immer bei dir?"

DIE MEISTER RETTEN MICH ERNEUT

Ich schrieb den ersten Teil meiner Autobiographie, *Suche nach dem Guru, Abenteuer eines westlichen Mystikers, Band II,* nach dem letzteren Teil, *Im Dienst der Meister,* da ich spürte, dass diese Erlebnisse mit den Aufgestiegenen Meistern bedeutender und einzigartiger waren als der erste Teil meines Lebens, wo ich spirituell erwachte. Als ich das Manuskript meiner Abenteuer mit Saint Germain, El Morya, Kuthumi und anderen Aufgestiegenen Meistern zu überarbeiten begann, war ich Gast im Haus von Krishnamurti, in Ojai. Er war längst verstorben, aber ich fand es paradox, dass ich in seinem Hause ein Buch über die Meister zusammenstellte, nachdem er zeit seines Lebens den Menschen nahegelegt hatte, die Meister zu ignorieren. Dies war ein Buch, das über einen Zeitraum von ungefähr fünfunddreißig Jahren Episode für Episode geschrieben worden war, beginnend mit 1974, ein Jahr nachdem ich Pearl kennengelernt hatte. Ich erzählte Besuchenden ein Erlebnis mit den Meistern, und sie sagten, „Das solltest du aufschreiben," und so tat ich es, ohne vorherzusehen, dass daraus ein Buch entstehen würde. Schließlich schickte ich einige dieser Manuskripte zu einer professionellen Lektorin, um zu sehen, ob sie es als wert erachtete, sie zu veröffentlichen, und da sie begeistert war, machte ich weiter; und die Veröffentlichung lief reibungslos.

Beim Schreiben des ersten Teils meines Lebens jedoch stieß ich auf alle möglichen Hindernisse. Je mehr ich über meine Zeit in New York City in den späten 1960ern schrieb, desto mehr erinnerte ich mich an Dinge, über die ich schreiben wollte: Meine Erlebnisse mit Alan Ginsberg, Jack Kerouacs frühere Freundin, und über die Hare Krishna-Anhänger, die immer im Tompkins Square in Hörweite meiner Wohnung sangen. Eines Tages schließlich fühlte ich mich verloren und frustriert, und legte meinen Finger auf die Löschtaste, da ich das Gefühl hatte, *ich verschwende meine Zeit, das wird sowieso niemand lesen wollen!*

Im letzten Augenblick entschied ich mich, mit dem Löschen zu warten und den Berg hinaufzugehen, um den Maha Chohan zu fragen, was ich tun sollte. Ich parkte das Auto dort, wo ich wusste, dass sein Tempel war, und begann durch den Schnee bergan zu stapfen. Ich hatte den heiligen Ort noch nicht ganz erreicht, als ich ihn sagen hörte, *„Du verhedderst dich in den Szenen in New York. Lass die letzten zehn Seiten aus, und fang an, über deine spirituellen Abenteuer in Indien zu schreiben."*

Ich war verblüfft über einen so präzisen editorischen Rat, aber das war es nicht, was ich hören wollte. Ich wollte die Erlaubnis, mit dem Schreiben ganz aufzuhören, da die Erinnerung und das Schreiben über meine Zeit mit Ram Dass, Neem Karoli Baba, Sathya Sai Baba und anderen ein langsamer und mühsamer Prozess war. Ich schüttelte verärgert den Kopf, wanderte weiter bergan und dachte, *Jetzt reicht's mir! Ich gehe den Berg hinauf, so weit wie ich kann, lege mich in den Schnee und mach Schluss.*

„Peter, kehr um!", sagte der Maha Chohan, aber ich ging weiter.

„Ich sagte, kehr um", wiederholte er.

„Ach ja, warum?", fragte ich streitlustig, und war noch immer frustriert wegen meines Schreibens.

„Weil ich Leute zu dir geschickt habe, und sie warten auf dich", antwortete er.

„Ich sehe niemanden", sagte ich über meine Schulter schauend.

„Sie werden bald da sein, nun kehre um und gehe zum Parkplatz."

Widerwillig machte ich kehrt und dachte, *Ich werde nachsehen, aber wenn niemand da ist, werde ich wieder zurückgehen, und den Berg hinauf.* Ich wäre nie so trotzig gewesen, wenn er tatsächlich erschienen wäre, aber da es eine innere Stimme war, fragte ich mich, ob es wirklich er war oder mein eigener Verstand. Als ich beim Parkplatz ankam, sah ich eine Menschenansammlung aus Indien. „Peter! Ich habe versucht, dich zu erreichen", sagte ein indischer Gentleman, und hielt seine Hände zum *Namaste* aneinander.

Ich erinnerte mich nun, dass mir dieser Mann tatsächlich eine E-Mail und einen Text gesandt hatte, und mich bat, zu einer Gruppe zu sprechen, die er nach Mount Shasta bringen würde, aber da ich so vertieft war in mein Schreiben, hatte ich diese Mitteilungen nicht beachtet. Nun waren sie da, einhundertfünfzig Leute. „Lasst uns bitte meditieren", bat er.

Als nächstes zogen mir zwei Leute die Wanderstiefel aus, während sich die Gruppe auf dem Boden im Kreis versammelte. Sie fingen an zu singen, und fielen dann in eine Meditation. Nach einer Weile öffneten sie ihre Augen, und ihr Leiter lud mich ein, zu dieser Gruppe an diesem Abend im Mount Shasta Resort zu sprechen. Meine Zweifel bezüglich der Weisheit des Maha Chohan waren beseitigt. Am folgenden Tag befolgte ich seinen editorischen Rat, und von da an verlief mein Schreiben bis zur Beendigung des Buches reibungslos.

Allerdings hatte ich noch ein Problem, das mich beinah dazu veranlasste, das Buch von meinem Computer zu löschen. Das Buch war fertig, aber ich hatte viele detaillierte Fußnoten, die der Herausgeber zu Endnoten umgewandelt haben wollte. Ich fand heraus, dass WORD eine Möglichkeit bot, das automatisch zu tun, also wandelte ich sie alle in einer Sekunde um; aber am nächsten Tag entschied ich mich für einen anderen Herausgeber, der mir erlaubte, alle Fußnoten auf den Seiten zu belassen, was mir wegen des leichteren Lesens lieber war. Aber damit stieß ich auf ein Problem. Die Endnoten ließen sich nicht zurückverwandeln, und der ganze letzte Teil des Buches hatte sich aufgehängt. Ich konnte nichts ändern oder bearbeiten. Ich arbeitete bis spät in die Nacht, und suchte im Internet nach Wegen, um WORD zu entsperren, aber vergeblich. Wieder dachte ich, *Das war's, dies ist ein Zeichen, dass ich das Buch nicht herausgeben soll.*

Ich schaute auf das Bild von Saint Germain, das über meinem Schreibtisch an der Wand hing, und dachte, „Nun, Saint Germain, wenn du willst, dass ich dieses Buch herausgebe, wirst du etwas tun müssen, denn ich habe alles getan, was ich tun konnte". Dann ging ich zu Bett.

Als ich morgens im Bett lag, meinte ich Saint Germain sagen zu hören, „Schalt deinen Computer ein".

Kommt nicht infrage!, dachte ich. Das WORD-Dokument war derart fehlerhaft geworden, dass der bloße Gedanke daran, es noch einmal anzuschauen, mich davon abhielt, aber ich könnte schwören, dass ich ihn wieder sagen hörte, „Peter, schalt deinen Rechner ein."

Gut, gut, ich schalt ihn ein, aber dann werde ich das Buch löschen, dachte ich, schleppte mich hinüber zum Schreibtisch, und drückte den Einschaltknopf. Es war ein alter Rechner, und es dauerte eine Weile, bis er hochgefahren war und mein Buchdokument sichtbar wurde. Schließlich war es da. Ich blätterte bis zum Ende des Buches, um die kaputten Endnoten anzusehen, aber zu meiner Bestürzung waren sie nicht mehr da. Ich blätterte im Buch zurück, und entdeckte, dass die Fußnoten wieder an der richtigen Stelle vorhanden waren, und das Dokument konnte wieder bearbeitet werden. Ich schaute fassungslos auf das Bild von Saint Germain. *Hat er gestern Abend meine Gedanken an ihn gehört?* Ich fragte, „Saint Germain, hast du das getan?"

Sein Bild belebte sich für eine Sekunde, und er blinzelte. Mit einem Anflug von Humor in seiner Stimme sagte er, „He, ich kenne WORD."

Meister Yu Tianjian

AUFSTIEG DES MEISTERS HUILING

Saint Germain sandte mich 1973 nach Mount Shasta, um von Pearl zu lernen, wie man das ICH BIN-Bewusstsein in das tägliche Leben einbringt. Nachdem sie 1990 gestorben war, fühlte ich eine gewisse Leere; aber dann traf ich eine Schülerin von Saint Germain namens Tahira, und als sie mir von einem außergewöhnlichen chinesischen Meister namens Yu Tianjian erzählte, den man im Westen unter dem Namen Yu kennt, war ich gespannt darauf, ihn zu treffen. In China war er als lebender Buddha anerkannt, als der neunundvierzigste Stammhalter des Geschlechts der Hanmi, das den esoterischen Buddhismus lehrte, der im achten Jahrhundert von Indien nach China gebracht worden war. Er war bald nach seiner Geburt von einer Delegation buddhistischer Mönche, die unerwartet im Haus seiner Familie erschienen waren, als Tulku erkannt worden. Als Junge weigerte er sich, dem Dharma zu folgen, und trat stattdessen der Kommunistischen Partei bei. Er stieg im Rang auf, und wurde schließlich berufen, eine große Fabrik zu leiten. Doch innerlich empfing er spirituelle Lehren von dem erleuchteten Mahasiddha Huiling, dessen Aufenthaltsort unbekannt war. Eines Tages erschien Huiling in seiner Fabrik und sagte, „Gib deine Anstellung auf und komm mit mir."

Ohne einen Augenblick zu zögern, setzte sich Yu Tianjian an seinen Schreibtisch und schrieb zwei Rücktrittserklärungen, eine für seine Anstellung und eine für die Kommunistische Partei. Sie verließen gemeinsam die Fabrik und begannen in China umherzuwandern. Schließlich blieben sie in einem buddhistischen Kloster, wo ihm Huiling eine intensive Ausbildung gab. Nach sechs Monaten übergab Huiling ihm seine heiligen Bücher, und teilte ihm mit, dass er ihm folgen wolle.

Sie verließen das Kloster und gingen in die einsame Bergwelt. Als er den richtigen Ort gefunden hatte, lehrte Huiling ihm zwei neue Mantras. Dann sagte er, "Ich habe dich hierher gebracht, damit du von etwas Zeuge wirst, das nur wenige jemals gesehen haben. Geh einhundert Schritte von mir weg und rezitiere dabei das erste Mantra, dann setz dich hin und schließe die Augen. Du wirst etwas hören; dann öffne deine Augen, stehe auf und gehe das zweite Mantra rezitierend zurück, bis du wieder an dieser Stelle ankommst."

Yu Tianjian tat, wie ihm gesagt worden war, ging das Mantra rezitierend einhundert Schritte weit weg, und setzte sich dann hin. Als er ein rauschendes Geräusch hörte, öffnete er seine Augen und sah den Himmel nacheinander erleuchtet mit den Farben des Regenbogens, eine Welle nach der anderen. Da er wusste, dass dies das Zeichen war, stand er auf und wandte sich um, aber Huiling war fort. Während er das zweite Mantra rezitierte, ging er zurück zur ursprünglichen Stelle, aber alles, was von seinem Lehrer zurückgeblieben war, waren seine Robe, seine Haare und seine Nägel.

ABENTEUER DES MEISTERS YU

Meister Yu, wie ihn seine Anhänger nannten, wanderte viele Jahre in China umher, und lehrte die heiligen Lehren, die ihm anvertraut worden waren. Die große Gefolgschaft, die er anzog, ärgerte jedoch die Kommunisten. Sie versuchten alles spirituelle gänzlich auszurotten, und viele Male musste er um sein Leben rennen. In diesen Tagen richtete die Rote Garde viele Menschen hin, nur weil sie den oberen Klassen angehörten, oder zu den Intellektuellen. Er sagte, dass er mehrere Male getötet worden sei, aber jedes Mal sei er wieder auferstanden. Er zeigte eine Anzahl Narben von Messerstichen, um seine Aussage zu untermauern.

Ein Tod ereilte ihn durch die Hand seiner Frau, die ihn vergiftete, als sie erfuhr, dass er sein ganzes Geld verschiedenen buddhistischen Klöstern gespendet hatte, statt es ihr zu geben. Sein Körper wurde bis zur Identifizierung in eine Leichenhalle gebracht und in eine Kühltruhe gelegt. Als seine Frau erschien, um den Körper zu identifizieren, zog ihn der Wärter aus der Kühltruhe, und er setzte sich auf. Seine Frau schrie, und der Begleitarzt erlitt einen Herzinfarkt und fiel tot um. Nachdem er sich vollständig erholt hatte, ging er in die Berge, aber mied fortan Kälte. Er fuhr fort zu lehren und zu heilen, und gewann bald über eine Million Anhänger.

Als ich von ihm in seinem Tempel im Osten von Los Angeles die Einweihung empfing, ging ich einen Gang zwischen Reihen von Schülern entlang, die alle lange Roben trugen, bis ich vor einem Schrein stand, auf dem sieben bronzene lebensgroße Buddhas saßen. Wie die meisten Amerikaner war ich nicht gewohnt, mich zu verbeugen, denn Amerika wurde von jenen gegründet, die gegen Tyrannen rebellierten. Als ich weiterging, öffnete sich jedoch meine innere Sicht, und ich sah, dass nicht mehr meine Mitschüler auf beiden Seiten saßen, sondern Aufgestiegene Meister des Rates des Lichts – und ich fiel auf die Knie. Als ich aufstand, drang ein Lichtstrahl aus jedem der sieben Buddhas in meine Stirn, und Meister Yu winkte mich nach vorn. Während er seine Hand auf meinen Kopf legte, rezitierte er ein Sanskrit-Mantra, das eine vibrierende Ladung durch mein ganzes Sein schickte. Als ich mich erhob, wurde ich zu einem Platz geleitet, und mir wurde eine rötlichbraune Robe gereicht und eine Mala aus großen Rudraksha-Perlen.

Als ich später fragte, was die Zeremonie zu bedeuten hatte, sagte man mir, „Du akzeptierst lediglich Meister Yu als deinen Guru". Ich realisierte kaum, was das alles mit sich bringen würde, denn in den meisten asiatischen Kulturen wird, wenn du einen Guru akzeptierst und du von ihm akzeptiert wirst, von dir erwartet, dass du dem Meister vollständig Gehorsam leistest. Ich fragte mich, wie das mit der Woodstock-Generation funktionieren konnte, die gewohnt war, „ihr eigenes Ding zu machen".

Meister Yu gab mir ein Buch voller Sanskrit-Mantras, von denen einige eine ganze Seite lang waren, und er trug mir auf, sie auswendig zu lernen. Überwältigt von dem Ausmaß dieser Aufgabe verließ ich den Tempel, und begab mich zum Meer. Ich hatte das Gefühl, es wäre besser, die Mantras inmitten der Meeresbrise zu lernen, weg vom Trubel der Stadt. Ich fuhr in eine Parklücke am Venice Beach, das am Meer lag. Ich begann das erste seitenlange Mantra zu rezitieren, und trat plötzlich in eine Welt jenseits von Zeit und Sorge ein. Bevor ich es gewahr wurde, ging die Sonne am Meer unter. Ich wusste, dass ich im Tempel zur Abendandacht erwartet wurde, also fuhr ich auf dem Freeway Interstate-10 zurück.

Meister Yu rief den Medizin-Buddha auf, da die Abendandacht dem Heilen gewidmet war. Das war seine persönliche Praktik, die seine Transformation in den Buddha für Heilung umfasste, ein Wesen aus lapisfarbenem Licht, das Heilstrahlen abgab, wo immer es nötig war. Ich hatte diese Praktik vor Jahren auch gelernt, hatte aber nie versucht, damit jemanden tatsächlich zu heilen. Jedoch sah ich ihn in dieser Nacht Heilwunder wirken. Eine Person nach der anderen wurde geheilt, einige waren am nächsten Tag für eine Operation im Krankenhaus angemeldet. Eine Frau, die zehn Jahre lang taub gewesen war, konnte wieder hören.

Nach der Andacht gingen wir nach draußen. Die meisten Schüler gingen fort, ich aber blieb und schaute in den Nachthimmel. Meister Yu näherte sich mir von hinten und sagte, „Peter, ich versteh das nicht, wenn ich in China Leute vom Krebs heile, dann sind sie dankbar und möchten mir etwas schenken. Bei meiner letzten Reise nach China heilte ich einen Mann, der wegen Krebs im Sterben lag. Die Ärzte sagten, er habe noch einen Monat zu leben. Er gab mir seine Lebensersparnisse von vierzigtausend Dollar. Der Mann, den ich heute Abend von Krebs geheilt habe, spendete nur zwanzig Dollar. Es scheint, die Menschen hier empfinden keine Dankbarkeit. Wie kommt das?"

Nach kurzem Überlegen sagte ich, „Ich denke, das ist so, weil die Menschen glauben, dass die Heilung von Gott kommt, und sie deshalb nichts dafür bezahlen müssen."

„Ja, die Heilung kommt von Gott, aber derjenige, der das Werkzeug Gottes ist, muss auch leben", seufzte Meister Yu, und ging dann zurück in den Tempel.

Ich lernte Meister Yu sehr gut kennen. Eines Abends lud er mich und zwei weitere Schüler in sein Haus zum Abendessen ein, was eine große Ehre war. Er war mit einer schönen und sehr einflussreichen chinesischen Geschäftsfrau verheiratet, die uns ein üppiges Festessen kochte. Er saß am Kopf des Tisches und platzierte mich zu seiner rechten. Er ermutigte mich, all die Delikatessen zu kosten, und ich steckte meine Essstäbchen in eine Schüssel mit besonderen Nudeln, als auch er gerade seine Essstäbchen in die Speise tauchte. Wir schauten uns für einen

Moment in die Augen, und ich empfand eine Anerkennung, indem wir beide ein Band zwischen uns erkannten. Er nickte bedeutsam und goss mir ein Glas chinesischen Wodka ein. Auch wenn ich protestierte, dass ich nichts Hochprozentiges trank, bestand er darauf, mit ihm auf die Verbreitung des Buddha Dharma und im Besonderen auf seine Lehre anzustoßen. Ich ahnte nicht, dass er die Absicht hatte, mir bei der Verbreitung seiner Arbeit eine Rolle zukommen zu lassen.

Einen Monat später kam er nach Mount Shasta, um einen Vortrag im Stadtpark zu halten. Am Tag davor war er in mein Haus zum Essen gekommen. Während wir darauf warteten, dass das Essen serviert wurde, vertraute mir die Frau, die das Mahl zubereitet hatte, an, dass sie eine Gallensteinkolik und starke Schmerzen hatte. Sie wollte wissen, ob Meister Yu sie heilen würde, oder ob sie ins Krankenhaus gehen sollte.

Als ich ihn fragte, lächelte er und sagte zu der Frau, sie solle sich setzen und die Augen schließen. Er rührte sie nicht nur nicht an, sondern erlaubte ihr auf der anderen Seite des Zimmers zu verweilen, während er fortfuhr, unserer Gruppe von einem Dutzend Gästen Witze zu erzählen. Nach fünf Minuten fragte er, „Was spüren Sie?"

„Wie die Hand eines Riesen meine Gallenblase zusammendrückt und die Steine bricht," antwortete sie.

Einige Minuten später sagte er ihr, sie solle ihre Augen öffnen. Sie stand völlig frei von Schmerzen auf, und hatte während des folgenden Jahres niemals mehr Probleme mit ihrer Gallenblase. Tatsächlich verbesserte sich ihre gesamte Gesundheit beträchtlich. Am nächsten Abend während seines Vortrags im Park war er nicht mehr der charmante Unterhalter, der er beim Abendessen gewesen war, sondern schien in einen lebenden Buddha transformiert zu sein. In all den Jahren auf der Suche nach Weisheit habe ich nie jemanden so klar über die Natur des Geistes reden gehört. Er war wirklich inspirierend, und die Zuhörer schienen begeistert zu sein.

Am nächsten Tag rief mich sein Übersetzer an, und bat mich zu dem Haus zu kommen, das sie gemietet hatten, da der Meister etwas Wichtiges zu besprechen hatte. Ich wurde in ein Hinterzimmer geleitet, wo ich mit Meister Yu und seinem Übersetzer allein war, und ich fühlte, dass sich etwas Wichtiges offenbaren würde. Ich lag richtig, denn Meister Yu begann zu erläutern, dass er mich als seinen Dharma-Erben haben wollte. Er befand, dass ich im Amerika des Neuen Zeitalters perfekt geeignet wäre, seine Lehre zu übermitteln. Er sagte, dass ich mit ihm reisen würde, und die Hälfte seiner finanziellen Einkünfte bekäme. Ich war erschrocken über die Ehre und die Großzügigkeit seines Angebots.

„Gibt es irgendeinen Grund, dass du das nicht annehmen kannst?", fragte er.

„Nun, du solltest wissen, dass ich, auch wenn ich bei dir im vergangenen Jahr studiert habe, auch ein Schüler von Meister Saint Germain bin, der in erster Linie mein Lehrer ist."

Der Übersetzer schluckte heftig und verbarg sein Gesicht in seinen Händen, denn in China würde die Ablehnung eines solchen Angebotes als schwerwiegende Beleidigung angesehen. Meister Yu schien jedoch unerschüttert, und fuhr fort, „Das ist vollkommen in Ordnung, aber von nun an wirst du alle Anweisungen von Saint Germain durch mich erhalten. Verstehst du?"

„Ich bedaure, aber das ist unannehmbar. Ich erhalte meine Führung direkt von meinem Höheren Selbst oder direkt von Saint Germain und brauche keinen Mittler, aber danke für das Angebot."

Plötzlich rötete sich das Gesicht von Meister Yu, und ich spürte, wie eine Welle des Zorns in ihm aufstieg, also verbeugte ich mich und ging hinaus. Als ich das Haus verließ, kam jemand des Weges und fragte, „Ist Meister Yu hier?"

„Er ist da", sagte ich, und in diesem Augenblick erkannte ich die Lektion für mich in dem Namen, Meister Yu [You]: *Du bist [You are] der Meister!*

Ich ging den Weg entlang, und fühlte, dass mir ein Stein vom Herzen gefallen war, und ich wusste, ich würde nie wieder mit dem Gedanken spielen, dass ich jemanden bräuchte, der zwischen mir und der Quelle vermittelte. Ich bekräftigte diese innere Erkenntnis, indem ich innerlich wiederholte,

ICH BIN der Meister!

Meister Yu und Peter Mt. Shasta in seinem Haus in Mount Shasta

Weggang von Mount Shasta

Als sich Saint Germain 1973 in Mir Woods vor mir materialisierte, bot er Befreiung an; als er mir das Leid der Menschheit zeigte, entschied ich mich jedoch, auf der Erde zu bleiben und zu dienen. Aufgrund dieser Entscheidung führte er mich nach Mount Shasta, wo ich, wie er sagte, die notwendige Ausbildung erhalten würde, um ihm eine bessere Hilfe zu sein.

Auf diesem Berg in Nordkalifornien sah ich die inneren Tempel, von denen aus die Meister zum Wohl der Menschheit arbeiten. Zu diesen Tempeln bringen sie manchmal ihre Schüler in ätherischer Form, auch wenn diese möglicherweise keine Erinnerung an die Ausbildung, die sie erhalten, haben mögen. Die Führung manifestiert sich jedoch in ihrem Leben ganz natürlich zu gegebener Zeit.

Ich wurde dort hingeschickt, um zu lernen, die ICH BIN-Gegenwart im täglichen Leben anzurufen, was ich von Pearl Dorris lernte, der früheren Leiterin des ICH BIN-Sanktuariums von San Franzisko.[8]

Davor, in den späten 1960er Jahren, hatte ich Hatha Yoga von Swami Satchitananda gelernt, war dann nach Indien gegangen, wo ich weitere Inspiration von Neem Karoli Baba, Anandamayi Ma, Shivabala Yogi, Sathya Sai Baba, wie auch von

---

[8] Pearl war eine persönliche Assistentin von Godfre Ray King, dem Gründer der Saint Germain Foundation und Autor von *Enthüllte Geheimnisse*. Eine Biografie über Pearl Dorris findet sich in meinem Buch, *Lady Master Pearl: In Erinnerung an meine Lehrerin Pearl Dorris*, BoD, 2016. Der Bericht über meine erste Begegnung mit Pearl und meine weitere Ausbildung bei ihr, findet sich in, *Abenteuer eines Westlichen Mystikers,* Band II, *Im Dienst der Meister,* BoD, 2016. In Tibet wäre Pearl als eine *Dakini* bekannt gewesen, wörtlich eine „Himmels-Tänzerin", eine erleuchtete Frau, die dieses Bewusstsein auf andere überträgt. Die männliche Form heißt im Sanskrit *Daka*.

anderen Yogis erhielt, deren Namen unbekannt waren. Ich studierte auch bei verschiedenen tibetischen Lamas.[9]

Nach all dieser Ausbildung in östlicher Spiritualität war ich schockiert, als Pearl bei meiner ersten Begegnung mit ihr sagte, „Meditiere mit offenen Augen. Bringe das Licht deiner ICH BIN-Gegenwart hinunter in die Mitte deines Seins, und gebe es in die Welt frei. Das ist der Anfang der Meisterschaft.

„In diesem inneren Licht bekommst du deine Führung. Zu Channels zu gehen, um Führung zu erhalten, schwächt dich nur. Erhalte deine eigene Führung – von dem Ort, von dem die Meister ihre Führung erhalten – im Zentrum deines Wesens. Die unmittelbarste Führung ist nonverbal; du tust einfach spontan das Richtige. Fühle das Zentrum deines Wesens, dann handle diesem Gefühl entsprechend.“

Vielleicht ist es das, was Immanuel Kant mit dem Kategorischen Imperativ meinte (die absolute, objektive Handlungsnotwendigkeit). Wenn alles gesagt und getan ist, kommt der Augenblick, wo man handeln muss. Die Zeit der Wahl ist vorbei, und ein Drang zu handeln stellt sich ein. Wenn du mit dem Zentrum des eigenen Wesens in Verbindung bist, dann ist dieser Drang deine Führung. Ich habe in langen Stunden der Meditation gelernt, diese Verbindung zu stärken.

Als ich mich mit dieser Quelle verband und lernte, sie aufzurufen, versetzten mich die Meister in Situationen, in denen ich wählen musste, zwischen den Gedanken, die mir durch den Kopf gingen, und dem ruhigen, stillen Drängen des Herzens. Ich wurde häufig auf Missionen gesandt, ohne dass mir ein klares Ziel gegeben wurde – es wurde mir einfach gesagt, ich solle mich auf den Weg machen. Jede dann folgende Handlung wurde mir im jeweiligen Augenblick durch das Gefühl im Inneren eröffnet. Nach einer über dreijährigen Probezeit sagte

---

[9] Die Erlebnisse meiner Kindheit, das spirituelle Erwachen sowie Begegnungen mit indischen Gurus, finden sich in meinem autobiographischen Buch, *Abenteuer eines Westlichen Mystikers,* Band I, *Suche nach dem Guru,* BoD, 2015.

Pearl eines Tages, „Es ist Zeit für dich, deinen Dienst zu beginnen."[10]

In den folgenden vierzig Jahren war ich damit beschäftigt, denen zu helfen, die Saint Germain mir gesandt hatte. Zu vielen Gelegenheiten entsandten mich die Meister in verschiedene Teile der Welt auf Missionen, und ich war gezwungen, spontan aus dem Moment heraus zu handeln. Durch diese Einsätze gingen meine Lektionen und der Dienst für die Meister weiter.

Nach all diesen Jahren in Mount Shasta spürte ich, dass es an der Zeit war fortzugehen, aber wohin ich gehen sollte, war ein Geheimnis. Ich wurde in Los Angeles erwartungsvoll empfangen, und ich wurde gebeten, eine *Sangha* (Sanskrit: Gemeinde) zu gründen, aber das fühlte sich nicht richtig an. Gelegentlich dachte ich daran, nach Indien zurückzukehren und ein Yogi zu werden, wie jene, bei denen ich in den Bergen nahe Nainital vor vielen Jahren gelebt hatte. Ich erinnerte mich, dass das Bhrigu *Shastri,* in Bombay, gesagt hatte, dass ich in einem früheren Leben in Indien Lehrer gewesen war, und dass ich zurückkehren würde, um dort zu lehren.[11] Ich gelangte jedoch zu der Auffassung, dass diese Vorhersage symbolisch gemeint war, dass der Aschram, in dem ich lehrte, ein ätherischer war. Ich dachte sogar daran, nach New York City zurückzugehen, mich auf eine Bank im Central Park zu setzen, um für jeden, der vorbeikommen würde, zur Verfügung zu stehen.[12]

---

[10] Weitere Abenteuer und die Ausbildung unter den Aufgestiegenen Meistern sind in meinem autobiographischen Buch, *Im Dienst der Meister,* a.a.O., beschrieben.

[11] Bhrigu war einer der sieben großen Weisen der vor-vedischen Zeit, und er schrieb astrologische Diagramme, welche in seinem Buch *Bhrigu Samhita* die künftigen Leben von über 500.000 Seelen voraussagte.

[12] Ein Amerikaner, der den Namen Baba Gil benutzte, hatte das getan. Er verließ Haight-Ashbury 1969, ging nach Indien, und nahm schließlich auf einer Bank im Central Park West seinen Wohnsitz. Ich begegnete ihm und seinen Anhängern in Mount Shasta, als sie Pearl besuchten, und später auf seiner Bank in New York.

Ein Jahr lang fühlte ich diese Immanenz zum Aufbruch von Mount Shasta, und wartete darauf, dass sich die innere Führung zeigte. Eines Tages dann geschah die Offenbarung ohne ein Bemühen oder eine Planung.

Einladung von einer Dakini

Die Führung, mein langjähriges Heim in Mount Shasta zu verlassen, kam in der Form eines Besuches einer *Dakini*, ein weiblicher Geist, der fähig ist, Weisheit und Erleuchtung zu übertragen – in diesem Fall war es eine wirkliche Frau namens Oceana. Sie hatte im *Sangha* eines tibetisch-buddhistischen Lamas gelebt, wo sie die einführenden Praktiken abgeschlossen hatte. Schließlich ging sie zur *Insight Meditation Society* in Barre, Vermont, wo sie ein einjähriges Retreat begann.

Bald nach ihrer Ankunft im Retreat-Zentrum kam dort der Dalai Lama, der sich in den USA auf einer Rundreise befand, zu Besuch. Sie erzählte, dass sie nie seinen Humor vergessen würde, als er in die erwartungsvollen Gesichter der Leute schaute und sagte, „Oh, ich sehe, ihr alle erwartet, am Ende eures Retreats erleuchtet zu sein!"

Natürlich, dachte sie, warum nicht? Sie hatten die nötige Unterweisung erhalten, waren hingebungsvoll, und hatten das ganze Jahr dafür! Am Ende des Jahres musste sie sich jedoch eingestehen, dass das Erlangen der Erleuchtung schwieriger war, als es schien. Als der Retreat vorbei war, besuchte sie ihren früheren Partner, und wollte die Beziehung wieder aufnehmen, aber als es nicht so lief, wie erwartet, ging sie zurück nach Vermont, um einen weiteren Retreat zu beginnen. Dieses Mal würde sie bestimmt Erleuchtung erlangen!

Zu ihrer Überraschung wachte sie eines Morgens auf, fühlte sich schwindlig, und stellte fest, dass sie schwanger war. Was sollte sie tun? Sollte sie eine Abreibung machen lassen und Nonne werden? Oder sollte sie in die Welt zurückkehren, ein Kind bekommen, und schauen, ob die buddhistische Lehre im täglichen Leben einer Mutter funktionierte?

Sie war entschlossen zu beweisen, dass sie Erleuchtung inmitten einer Beziehung erlangen konnte, heiratete den Vater ihres Kindes und sie zogen zusammen in ein Zelt. Er begann für seine Familie ein Steinhaus zu bauen, aber drei Jahre später und nach zwei weiteren Kindern war das Haus immer noch nicht fertig.

Sie fand, dass das Jahr in stiller Meditation ihr viel Gelassenheit gebracht hatte, was für sie ungemein hilfreich war. Das Leben war so jedoch unmachbar geworden. Sie konnte nicht länger drei Kinder allein und in einem Zelt aufziehen, während ihr Mann fort war und eine Karriere verfolgte, so trennte sie sich von ihm und ließ sich scheiden. Sie zog in ein Haus aus Strohballen, das ihr Mann auf einem nahen Hügel gebaut hatte. Da es dort auch einige Hütten gab, eröffnete sie ein buddhistisches Retreat-Zentrum.

Schließlich wurde in der Mitte des Grundstücks ein Stupa errichtet, das von dem berühmten tibetischen Yogi, Dilgo Khyentse Rinpoche, gesegnet wurde. Sie geriet jedoch auch in eine neue Sackgasse, indem sie entdeckte, dass die Versorgung der Leute in den Hütten des Retreats zusätzlich zur Versorgung ihrer drei Kinder mehr war, als sie schaffen konnte. Sie hörte auf, formelle Retreats zu geben, aber erlaubte Freunden, dort zu leben, oder selbst geleitete Retreats durchzuführen.

Nun begannen Leute sie zu besuchen, nicht um buddhistische Dogmen zu lernen, sondern wegen der Weisheit, die sie erlangt hatte, und dem Mitgefühl, das das von ihr ausging. Sie gab jedem, der kam, eine Beratung, und oftmals auch Speise und Zuflucht. Sie wurde zu einer wahren Dakini – eine Frau, die fähig war, anderen Weisheit und Erleuchtung zu vermitteln. Sie benannte den Hügel, auf dem sie lebte, Jade Lake, nach dem mystischen See am Fuße von Mount Kailash in Tibet, wo viele große Heilige Befreiung erlangt hatten.

Als sie Godfre Ray Kings *Enthüllte Geheimnisse* las, erkannte sie ihren nächsten Schritt auf ihrem spirituellen Weg. Sie erkannte, dass Saint Germain durch die ICH BIN-Lehre die alte Weisheit in einer modernen Form gab, die besser in die westliche Welt passte, um Meisterschaft zu erlangen. Sie erkannte, dass sie nicht mehr über große Entfernungen reisen musste, um Lamas zu treffen, die ohnehin kaum Zeit hatten, private Unterweisungen zu geben, da ihre eigene ICH BIN-Gegenwart und die Aufgestiegenen Meister innerlich überall und jederzeit kontaktiert werden konnten.

Bald bekam sie die innere Führung, eine Pilgerreise zum Mount Shasta zu machen. Es war an diesem Berg, wo Godfre Ray King Saint Germain begegnet war. Der Drang, diese Pilgerreise zu unternehmen, wurde stärker, bis sie eines Tages mit einem gleichgesinnten Freund ins Auto stieg und sich aufmachte, das Land zu durchqueren.

Sie waren nun seit einem Monat in Mount Shasta gewesen, wanderten und meditierten, und riefen die Meister um Führung an. Zwei Tage vor ihrer geplanten Abreise gingen sie in das Soul Connections, den Laden in der Innenstadt, der Kristalle und Bilder von den Meistern verkaufte. In einem hinteren Regal fand sie meine Autobiographie, *Abenteuer eines Westlichen Mystikers,* Band II, *Im Dienst der Meister.*

Sie verspürte den Impuls, das Buch zu kaufen, nur war sie abgestoßen von dem Umschlag, der den Autor in einer Pose des Manjushri zeigt, den Herrn der Weisheit, wie er ein Schwert der Unterscheidungsfähigkeit hochhält. Ohne auf der Innenseite die Erklärung darüber zu sehen, wie man sich selbst als Gottheit anruft, um anderen von Nutzen zu sein, folgerte sie, dass der Autor voller Illusionen sein musste, ließ das Buch liegen und verließ den Laden. Als sie den Gehsteig entlang ging, spürte sie plötzlich, wie Saint Germain seine Hand in die Mitte ihrer Brust legte und sagte, „Geh zurück und hole das Buch."

Sie versuchte weiterzugehen, aber er beharrte darauf, also ging sie zurück. Als sie an diesem Abend das Buch las, erkannte sie, dass es die Offenbarung enthielt, weshalb Saint Germain sie nach Mount Shasta geschickt hatte. Am nächsten Morgen rief sie an.

„Darf ich zu deiner Meditation kommen?"

Damals erkannte ich nicht, dass dieser Telefonanruf der Auftakt für die Veränderung war, die mich von Mount Shasta wegführen würde.

Die Leute kamen jeden Sonntag zu mir in mein Haus, um zu meditieren. Ich hielt dann einen kurzen Vortrag, und nach der Meditation sprachen wir Affirmationen für das Wohl der Menschheit. Oceana saß am Boden rechts von meinem Stuhl, nahe bei mir, und ihre Gegenwart fühlte sich vertraut an, wie die eines alten Freundes. Am Ende des Treffens fragte sie, „Hast du jemals daran gedacht, nach New York zu kommen? Ich habe eine leerstehende Hütte in den Catskill Mountains, und du bist herzlich willkommen, dort so lange zu verweilen, wie du willst."

In all den Jahren in Mount Shasta hatte ich nur wenige Gruppen aus New York empfangen, doch in diesem Sommer kam eine Gruppe nach der anderen – und jede lud mich zum Besuch ein, so war die Idee mit New York in meinem Geist bereits angelegt gewesen; doch bis jetzt hatte sich keines der Angebote stimmig angefühlt.

Am nächsten Morgen kam Oceana auf ihrem Weg aus der Stadt vorbei, und ich nahm ihr Angebot an. Ich wollte nach Jade Lake umziehen; was ich allerdings nicht realisierte, war, dass es fast ein Jahr in Anspruch nehmen würde, meinen Besitz zu ordnen. Als der Augenblick kam, wo ich von meinem Heim, in dem mich die Meister mehr als mein halbes Leben lang ausgebildet und gefördert hatten, fortgehen sollte, zögerte ich. Während ich Richtung Auffahrt zum Freeway fuhr, fragte ich mich, *können die Meister wirklich wollen, dass ich weggehe?*

Ich warf einen Blick auf das Armaturenbrett, als wollte ich Führung finden, und die Uhr zeigte eine Zahl, die für mich immer eine besondere Bedeutung hatte: 11:33 Uhr. Ich wusste, das war meine Bestätigung. Ich fuhr auf die Fernstrasse und begann die lange, mühselige Fahrt nach Osten. Während ich fuhr, affirmierte ich,

ICH BIN die Gegenwart des Lebendigen Gottes,
der dieses Auto fährt.

Trete hervor überall, in allen Gemeinden und Staaten, durch
die ich hindurchfahre, und segne alle Einwohner!

ICH BIN der Aufgestiegene Rat des Lichts in Aktion!

Ich gehe dort hin, wohin ich gehen soll,
und tu, was ich tun soll,
denn ICH BIN hier Gott in Aktion!

Das Licht Gottes versagt nie!
Das Licht Gottes versagt nie!
Das Licht Gottes versagt nie!
Und ICH BIN dieses Licht!

Ich verbrachte die erste Nacht in der Nähe von Nevada City, wo ich von einer Gruppe von Yogananda-Anhängern aufgenommen wurde, fuhr dann weiter nach Colorado Springs, wo ich bei Scott Sanford und seiner Frau Trish, in ihrem Heim am Cheyenne Mountain blieb. Scott bat mich, einen Vortrag vor seiner Gruppe von Schülern der Meister zu halten, dann setzte ich meine Fahrt nach Osten fort, und hielt da und dort an, um zu anderen Gruppen zu sprechen.

Schließlich kam ich an der Ostküste an, und als ich die steile und unbefestigte Strasse zum Jade Lake hochfuhr, fühlte ich die Willkommensenergie der Meister. Von dieser offenen Weite der Berghöhe aus schien es keinen anderen Weg zu geben, als den nach oben, und ich fragte mich, *ist dies der Ort, wo mich die Meister haben wollen, und ich meinen Aufstieg zu Ende führen soll?*

Doch dann brachte mich Oceana in das gemütliche Stroh-ballenhaus mit Blick auf die Catskill Mountains, wo ich mich besser untergebracht fühlte. Als sie mich bat, eine ICH BIN-Gruppe in ihrem Sanktuarium zu leiten, begann ich zu fühlen, dass ich ein neues Zuhause hatte. Jeden Sonntagmorgen kamen Leute, und ich hielt einen kurzen Vortrag. Dann meditierten wir auf das ICH BIN. Wir beendeten, indem wir abwechselnd aus *Enthüllte Geheimnisse* *oder* die *'ICH BIN'-Diskurse* lasen, die von Godfre Ray King empfangen wurden.

Jeden Morgen stand ich vor der Dämmerung auf und ging in Meditation. Wenn sich die rosenfingrige Morgenröte vor dem Hintergrund der Berge ausbreitete, ging ich hinaus und setzte mich auf die Steinmauer vor der Hütte, um die aufgehende Sonne zu begrüßen. Dann folgte die Qi Gong-Praktik, um die Energie zu erden. Dann wanderte ich durchs Feld hinunter, vorbei an dem Stupa, das den Geist des Buddha repräsentiert, und weiter zu Oceanas Haus. Während wir unseren Kaffee schlürften, sprachen wir über die Natur der Realität, und ende-ten unweigerlich bei der Leerheit der Phänomene.

Dann kehrte ich zurück an meinen Schreibtisch, von wo aus ich auf die Felder und fernen Berge schauen konnte, und arbeitete an meinem nächsten Buch. Nachmittags ging ich nach nebenan zum Holzschuppen, und spaltete mit der Axt Holz-scheite für das Abendfeuer, das die Hütte bis zum Sonnenauf-gang warm halten würde.

Sobald ich mich eingewöhnt hatte, und mit der Ermutigung von Saint Germain, begann ich, über meine Erlebnisse in Tibet zu schreiben. Er regte die Entstehung dieses Buches an, das zur Vermittlung der alten Lehren dienen sollte, die er dem Westen präsentieren wollte. Normalerweise wurden diese Lehren auf tibetisch gegeben, oder nur jenen, die eine mehrjährige Unter-weisung bei einem Lama erhalten hatten.

Oceana war von dem Projekt begeistert, und ihr Enthusias-mus half, das schöpferische Feuer zu erhalten. Indem ich meine

Erlebnisse in Tibet erneut durchlebte, floss das Buch mühelos aus der Feder, und wurde zu dem Werk: *In Tibet auf der Suche nach dem geheimnisvollen wunscherfüllenden Juwel* – das Juwel des inneren Christus-Lichtes, oder in Sankrit, *Cintamani*-Stein (auch jyoti).[13]

---

[13] Das Wunscherfüllende Juwel ist in der Theosophie als der Stein der Weisen bekannt. Die tibetische Legende erzählt von einem Meteor, der vor tausenden von Jahren auf die Erde fiel, und dass der Besitz eines Bruchstücks davon dem Eigentümer magische Fähigkeiten verleiht; in Tibet behauptet allerdings niemand, ein solches Fragment zu besitzen. Heute verkaufen einige Geschäftsleute des Neuen Zeitalters Tektite und behaupten, es seien Cintamani-Steine, die von magischen Eigenschaften erfüllt seien.

DER SEILZUG

Das einzige, was mich plagte, war meine Angst vor einer schwankenden Pappel über meinem Dach, und die Vorstellung, sie könnte eines Nachts umgeweht werden und auf die Hütte fallen, während ich schlief. Viele kleinere Pappeln entlang der Mauer, die hinter der Hütte verlief, waren schon umgestürzt. Hier in den Catskills wuchsen diese Bäume an jedem Hang, überlebten aber nicht lange. Die eine hinter meiner Hütte war die größte am Berg, und als sie schwankte, fragte ich mich, *wie lange habe ich noch?*

Ich setzte mich nachts auf meiner Futonmatratze auf und meditierte, und war mir dieses Baumes bewusst, der nur zwanzig Fuß weit weg war und über mir hin und her schwankte, und ich wusste, er konnte in jedem Augenblick durch das Dach krachen.

Nachdem ich Oceana meine Angst gestand, rief sie eine Baumfällerfirma an. Sie meinten, das übersteige ihre Möglichkeiten, da es eine hydraulische Bühne erforderte, um einen Mann hochzufahren, der vor dem Fällen des Baumes die Äste abschneidet. Das würde teuer werden, und all die anderen Leute, die Oceana angerufen hatte, waren für Monate ausgebucht. So rief ich mein Höheres Selbst an und affirmierte:

> *ICH BIN die Gegenwart Gottes, die diesen Baum in vollkommener Göttlicher Ordnung entfernt!*

Und ich betete zu den Aufgestiegenen Meistern:

> *Geliebte Meister, bitte bringt für die Entfernung dieses Baumes den vollkommenen Göttlichen Plan zustande. Wenn keine Gefahr besteht, dann entfernt meine Angst. Wenn dieser Baum umfallen soll und es meine Zeit ist, die-*

sen Körper zu verlassen, nehmt mich bitte friedlich in meinem Schlaf.

Dann kam mir in den Sinn, *vielleicht ist der Zweck dieser Situation nur, mir zu helfen, Angst zu überwinden? Ich weiß, dass ich dort bin, wo Gott mich haben will, also, was auch immer geschieht, muss der Wille Gottes sein.*

Eines Tages sah ich einen deutschen Mann namens Hans über das Feld gehen. Ich hatte ihn vorher schon einmal bei Oceana getroffen. Als er mich sah, fragte er mich, wie es mir geht.

„Es ginge mir besser, wenn dieser Baum nicht über meiner Hütte lehnen würde."

„Wow, der ist riesig...diese Pappeln werden leicht umgeweht", sagte er, und blinzelte den Baum hinauf, und schlenderte dann weiter über das Feld.

Eine Woche später erschienen zwei Männer auf dem Feld, schauten in Richtung Hütte, gingen aber bald wieder. Einige Tage später saß ich gerade an meinem Schreibtisch, als ich Hans und die selben zwei Männer näherkommen sah. Sie trugen jeder eine Vorrichtung ähnlich einem Flaschenzug, der an einem Stahlseil befestigt war. Hans nahm eine große Kettensäge.

„Was gibt's?"

„Ich bin gekommen, um diesen Baum zu fällen", sagte Hans.

„Aber dafür wird eine hydraulische Hebebühne gebraucht", sagte ich, und wiederholte, was der Mann von der Baumfirma gesagt hatte.

„Ach was, ich kann das mit diesen Seilzügen", sagte er, und verwies nickend auf das, was seine Begleiter trugen.

„Ich habe gerade einen Kurs in der Volkshochschule abgeschlossen, wie man das macht."

Ach, das ist ja toll, er verwendet meine Hütte für einen Versuch!

„Weiß Oceana davon?", fragte ich.

„Sicher, sie wird gleich da sein."

Sie gingen hinter die Hütte, hingen die zwei Greifzüge hoch oben an der Pappel auf, und befestigten das andere Ende an zwei weiteren Bäumen. Bevor ich hineingehen konnte, um meinen Rechner herauszuholen, für den Fall, dass es nicht wie geplant lief, warf Hans die Kettensäge an, und begann den Stamm durchzuschneiden.

„Zug geben!", rief er den anderen Männern zu. Als sie Zug gaben, fing der Baum an, sich aufzurichten.

„Ich fälle ihn genau dort drüben hin", sagte Hans, und zeigte über die Steinmauer, wo ein freier Platz war; aber sein Optimismus wurde gedämpft, als der vordere Seilzug nachgab und das Zugrad herausgerissen wurde, wodurch der Baum wieder zurück in seine alte Position sank.

„Das wird nicht funktionieren!", rief einer der Männer.

Aber Hans blieb zuversichtlich, und ließ sich nicht abschrecken. Er ging zum Heuschober eines Nachbarn, wo, wie er wusste, noch ein Seilzug an der Wand hing. In dieser ländlichen Gemeinde, wo die Menschen voneinander abhängig sind, gab es eine unausgesprochene Übereinkunft, dass man sich holen konnte, was man brauchte, solange man es wieder zurückbrachte.

Nach zwanzig Minuten kam er mit dem Ersatz zurück. Er hing ihn ein, gab Anweisung zu ziehen, und der Baum richtete sich erneut auf. Er warf seine Kettensäge an, und schnitt wieder in den Stamm, zuerst an der Seite, wohin der Baum fallen sollte, dann an der gegenüberliegenden Seite. Dann schlug er einen Stahlkeil in einen der Einschnitte, ging weg, und gab den letzten Befehl, „Zieht jetzt, so gut ihr könnt."

Der Baum schwankte, und mit einem unglaublichen KRACH fiel er über die Mauer hinweg und lag genau dort, wo Hans gesagt hatte, dass er ihn hinfällen würde.

Oceana, die misstrauisch zugesehen hatte, schaute mich erstaunt an. Sie hatte wohl wie ich auch geglaubt, die Hütte würde zu Bruch gehen.

„Ihr habt es geschafft", rief sie verzückt.

„Natürlich!", sagte Hans, „Warum nicht? Ich habe gelernt, wie man es macht...ich wusste, es geht zu machen...und ich habe es geschafft.

DIE STUNDE DER SPINNE

Da mir erspart geblieben war, dass ein Baum auf das Dach meiner Hütte fiel, liefen die Dinge in Jade Lake gut – für eine Weile, und ich arbeitete an meinem Buch weiter. Dann wurde ich mit einer anderen lebensbedrohlichen Erfahrung konfrontiert, ironischerweise als Folge von Oceanas Festhalten an dem buddhistischen Glauben der Nichtschädlichkeit, dem *Ahimsa*.[14] Oceana war bestrebt, diesem so vollständig zu folgen, dass sie die Flöhe an ihren Katzen von Hand herauszupfte, sie nach draußen trug, und für ihre Befreiung betete, während sie sie freiließ.

Sie bat mich, selbst auch zu diesem Prinzip zu stehen, und ich willigte ein. *Aber was soll ich mit den Spinnweben in den Ecken der Tür zum Holzschuppen machen?* Ich musste mich jedes Mal bücken, wenn ich hineinging, um Holz zu holen.

Eines Tages wurde eine Ladung Brennholz vor die Hütte geliefert, und ich begann die Scheite in den Holzschuppen zu stapeln. Ich machte das zu einer tantrischen Praktik, die ich dem Wohl anderer widmete, und betete, dass es im kommenden Winter alle Menschen warm haben mögen. Bei jeder Ladung rezitierte ich ein Mantra, und machte das wiederholte Aufstapeln der Scheite zu einer Meditationspraxis, ähnlich des Beobachtens der Atmung beim Vipassana.

Ich hatte mich so in das Novum dieser neuen Praktik versenkt, dass ich mich zu ducken vergaß, als ich die Schwelle zur

---

[14] *Ahimsa,* Nichtschädlichkeit, ist eine primäre Doktrin des Buddhismus und Hinduismus. In der *Mahabarata,* dem Hindu-Klassiker, ist Kriegsführung unter dharmischen Umständen allerdings zugelassen, und Angehörigen der Kaste der Krieger ist es erlaubt, Fleisch zu konsumieren. *Vairagya,* ein verwandter Begriff, mit der Bedeutung Abwesenheit von Begierde, kann auch bedeuten, die Anhaftung an willkürliche Auffassungen von Richtig und Falsch loszulassen.

Holzhütte überquerte, und ich spürte etwas in mein Hemd hineinfallen. Es kitzelte, dann, nach einer Stunde fing es an zu jucken. Ich bat die Spinne, deren Zuhause ich zerstört hatte, um Vergebung und betete, sie würde ein neues finden, auch wenn ich vermutete, dass ich sie zerdrückt hatte, als ich mein Hemd auszog. Da es zu spät war, das Spinnennetz wiederherzustellen, beachtete ich das Jucken nicht, und wandte mich wieder dem Rezitieren und dem Stapeln von Holz zu.

Eine Woche später war das Jucken noch immer da. Ich nahm Kräuter und homöopathische Heilmittel, aber es verwandelte sich allmählich in einen dumpfen Schmerz. Ich hätte einen Arzt aufsuchen sollen, aber da ich die Spinnengattung nicht wusste, glaubte ich nicht, dass ein Arzt helfen könnte. Ich glaubte weiterhin, dass der Schmerz verschwinden würde, aber stattdessen wurde er stärker. Er wurde schlimmer, wenn ich mich hinlegte, und ich konnte nachts nur eine Stunde schlafen. Wie bei meiner Ankunft in Jade Lake fragte ich mich, *ist es Zeit, diesen Körper zu verlassen und mich in eine höhere Welt zu begeben?*

Ich betete um Führung, doch ich bekam keine, also begann ich nach schmerzlosen Methoden des Selbstmordes zu recherchieren. Ich versuchte den Schmerz vor Oceana zu verbergen, doch vielleicht wusste sie es. Eines Morgens kam ein Fremder zur Tür meiner Hütte, und er trug ein Gefäß mit Ayahuasca. Er überreichte es mir und sagte, "Ich habe gehört, Sie brauchen das vielleicht". Dann drehte er sich um und verschwand.

Ich hatte von dem Heilpotential dieser trüben braunen Pflanzenmixtur vom Amazonas gehört, und da ich das Gefühl hatte, ich würde sowieso bald sterben, dachte ich, *warum es nicht versuchen?*

Ich erinnerte mich an einen Freund, der zum Amazonas gegangen war, und bei den Shipibo-Indianern lebte. Er hatte es mit ihnen im Rahmen einer Zeremonie eingenommen, und als er zurückkam, sah er zwanzig Jahre jünger aus. Ich fragte ihn nach dem Geheimnis seines nun jugendlichen Aussehens, und er sagte, „Ich sah, dass jede emotionale Wunde meiner Vergangenheit noch in den Muskeln, Sehnen und Knochen in meinem Körper gespeichert war. Das Ayahuasca brachte alle diese unterdrückten Wunden an die Oberfläche, sodass sie angeschaut und aufgelöst werden konnten. Der Schmerz, an dem ich festhielt, machte mich alt. Ich musste allen für alles vergeben, und auch um Vergebung bitten für alles, was ich getan hatte. Sobald dieses alte Zeug weg war, fühlte ich mich jünger. Ich war neu geboren."

Darüber nachsinnend, wie es ihm geholfen hatte, betete ich zu Saint Germain um Führung. *Vielleicht war er sogar derjenige, der mir das Ayahuaska geschickt hatte?* Ich spürte weiterhin, dass ich es nehmen sollte, also machte ich drei Tage lang die empfohlene Diät, und aß nur gekochtes Gemüse und Reis, ließ sogar Salz weg (von dem viele Schamanen sagen, dass es die Chakren schließt).

An dem bestimmten Tag richtete ich im hinteren Teil der Hütte einen Altar ein, und lehnte mich gegen die Wand, und schaute auf die Bilder von Jesus, Mutter Maria und den Maha Chohan. Schluckweise trank ich langsam die braune Flüssigkeit, die nicht so schlecht schmeckte, wie man mir gesagt hatte. Ich mochte sogar den Geschmack. Nach zwanzig Minuten hatte ich drei Viertel des Bechers getrunken, und ich spürte instinktiv, nun aufzuhören. Plötzlich erschien ein amazonischer Schamane, der drei Federn in seinem Haar trug, schüttelte eine Rassel gegen mich, und verschwand. Dann fing der Boden an zu zittern.

Ein Erdbeben in New York? Aber als ich auf das Glas Wasser auf dem Schrein schaute, sah ich, dass die Oberfläche bewegungslos war. Ich erkannte dann, dass sich nicht die Erde bewegte, sondern mein Geist.

Ich schloss meine Augen, und fand mich rittlings auf einer riesigen Anakonda sitzend. Ich umfasste sie mit meinen Armen, als sie sich durch den Dschungel schlängelte. Ein Jaguar sprang vor uns her, und verschwand dann im Dickicht. Vögel mit brillantem Gefieder schossen aus dem Baldachin des Dschungels herunter und an uns vorbei. Überwältigt legte ich mich auf den Boden.

Dann begann eine Lichtschau, ähnlich wie bei den Rockkonzerten der 1960er, und brillante Farben blitzten durch meine Wahrnehmung. Ich fühlte mich verlassen und allein in dieser merkwürdigen Welt, und rief, „Mutter Maria, hilf mir!"

Plötzlich war sie da, ihre Arme liebend um meine Schultern gelegt, schloss sich mich mütterlich in ihre Arme. Die Angst und die Leere waren verschwunden, und ich war von Licht erfüllt. Nun wusste ich, dass alles in Ordnung kommen würde.

Ich war in einer Höhle mit vielen massiven Eichentüren. Ich wollte sie aufwerfen, um zu sehen, was sich dahinter verbarg. Ich öffnete eine, und sah Haufen von Goldmünzen, bereit zum mitnehmen, aber ich wusste, das war es nicht, weshalb ich hier war. In einem anderen Raum ging eine Orgie vor sich – und eine nackte Frau winkte mir zu, einzutreten. Wieder schlug ich die Tür zu. In einem anderen Raum warteten Leute auf mich, um mich mit Lob und Ehre zu überhäufen, aber wieder schloss ich die Tür. Während ich von dieser Reihe von Türen zurücktrat, rief ich aus,

„Höre mir zu, du Geist des Ayahuasca! Ich bin nicht hier, um diese illusorische Welt von Samsara weiterzuverfolgen. Dafür habe ich das Ayahuasca nicht genommen!"

Eine Frauenstimme flüsterte dann, „Warum hast du es dann genommen?"

„Zur Heilung...ich will Heilung!"

Vor mir stand nun ein Arzt. Er trug einen traditionellen Krankenhaus-OP-Kittel, eine grüne Mütze, und eine weiße OP-Maske über Nase und Mund. Er trat nach vorne, wie wenn er operieren wollte, aber statt mit einem Skalpell richtete er seinen Zeigefinger auf meine Seite – an die Stelle, wo der Schmerz am größten war – und ein Strahl von Regenbogenlicht schoss in meine Seite. „Nimm Una de Gato [Katzenkralle, d. Übers.] und Chancra Piedra [Steinbrecher-Kraut, d. Übers.]",[15] sagte er, und verschwand dann.

Der Schmerz war weg, also stand ich auf und trank das Wasser auf dem Altar. Immer noch schwindlig, ging ich abwärts durch das Feld, vorbei am Stupa. Ich war begierig darauf, Oceana mein erstaunliches Erlebnis zu erzählen.

Als ich dieses Erlebnis einem vedischen Astrologen schilderte, sagte er, „Die Spinne ist das Symbol des *Ketu dasha* (Zyklus), in dem du dich befindest, also, statt böses an ihr zu sehen, versuche sie als Verbündeten zu betrachten, der zu deiner Erweckung gesandt wurde."

---

[15] Amazonaskräuter zur Stärkung des Immunsystems.

ECKHART TOLLE IM WALMART

Da ich auf einem Retreat war, ging ich Geselligkeiten aus dem Weg, doch musste ich alle paar Wochen der Vorräte wegen in die Stadt. Als der Winter kam, sah ich, dass ich einen Scheibenkratzer brauchte. Wo ich den am ehesten finden konnte, war bei Walmart, aber ich hatte es so lange wie möglich aufgeschoben, nach Oneonta zu fahren, die nächst gelegene Stadt mit Geschäften. Schließlich stieg ich aus meiner idyllischen Bergkuppe hinab in die verirrenden Gänge von Walmart, der Markt, der alle materiellen Dinge zu bieten hatte, die den amerikanischen Traum zu erfüllen versprachen – was hingegen Henry Miller *Der klimatisierte Albtraum* [*] nannte.

Auf meinem Weg über den Parkplatz holte ich ein paar Mal tief Luft, in Vorbereitung auf die synthetische Umgebung vor mir. Dann betete ich zu Saint Germain um Führung und affirmierte,

Ich gehe dorthin, wohin ich gehen soll,
und tu das, was ich tun soll.

Drinnen war die Welt der *zehntausend Dinge,* jetzt wahrscheinlich der zehn Millionen Dinge, von denen ich das Meiste nie brauchen würde.[16] Zu meinem Schrecken gab es keine Schilder, die anzeigten, wo mein Plastikkratzer sein konnte, nicht einmal ein Schild für Autoteile, und beim Umherwandern verlor ich

---

[*] Henry Miller, *Der klimatisierte Alptraum,* Rowohlt, 1977.

[16] Die taoistische wie auch die alte griechische Philosophie verwenden die Zahl Zehntausend als Symbol für die Welt der Maya – das endlose Streben nach materiellen Dingen, von denen keines anhaltendes Glücklichsein bringt.

mich mehr und mehr. Ich verfiel fast in Panik, da ich sogar die Ausgänge nicht mehr sah. Eine riesige Frau in Strumpfhosen, die einen motorgetriebenen Hubwagen fuhr, rammte mich beinah. Als ich zurückwich, stieß ich fast mit einem Mann zusammen, der ausschaute, als ob er aus den Büschen hinter dem Markt gekrochen war. Ich wich ihm aus, und sprach schnell eine Affirmation,

ICH BIN die Gegenwart der Aufgestiegenen Meister und Freunde der Aufgestiegenen Meister, die sich vor mir erhoben haben und hier jetzt sofort den Göttlichen Plan zustande bringen.[17]

Ich hielt vergeblich Ausschau nach jemandem, den ich nach der Richtung fragen konnte, und verzweifelnd, noch einen Kratzer zu finden, suchte ich einen Ausgang. Plötzlich stand ein kleinwüchsiger Mann vor mir, der eine Walmart-Jacke trug, und geschäftig Regale auffüllte. Ich ging auf ihn zu und sagte, „Entschuldigen Sie bitte, ich brauche Hilfe."

Als er sich umdrehte, fand ich mich von Angesicht zu Angesicht mit Eckhart Tolle, dem Autor von *Kraft der Gegenwart*.[18] Ich hatte ihn gesehen, als er in The Oprah Winfrey Show interviewed wurde, und sein Gnom-ähnliches Gesicht war unverwechselbar. Ich schaute sprachlos nach einem Namensschild, um seine Identität bestätigt zu finden, aber er hatte keines.

---

[17] Freunde der Aufgestiegenen Meister sind jene Individuen, die die Meister gebrauchen können, um einen höheren Plan zu erfüllen, oft ohne das Gewahrsein der betreffenden Person. Diese Leute erscheinen oft am richtigen Platz und zur richtigen Zeit, um anderen Schülern der Meister Hilfe zu geben.

[18] Eckhart Tolle, ein Einwohner Kanadas, 1948 in Deutschland geboren, war laut einem Artikel in der New York Times 2008, „Der populärste spirituelle Autor in den Vereinigten Staaten."

Ich dachte, *er macht bestimmt Recherchen für sein nächstes Buch — wie man Meisterschaft im alltäglichen Leben erlangt, sogar als Angestellter bei Walmart!*

Der Mann, dessen Gesicht in jedem Schaufenster eines Buchladens zu sehen war, schaute zu mir zurück, und fragte mit einem deutschen Akzent, „Ja...kann ich für Sie etwas tun?"

Erschrocken stammelte ich, „Alles in Ordnung...danke trotzdem", und ging den Gang entlang. Schließlich kam ich zu einem Schild für Autoteile, und dort war mein Eiskratzer. Ich nahm ihn und ging zurück, woher ich gekommen war, und wollte jetzt mit Eckhart Tolle sprechen und mich vorstellen. Ich wollte fragen, *was haben Sie gelernt bei ihrer Arbeit bei Walmart?* Für jemanden, der so empfindsam ist, wäre dort zu arbeiten sicherlich eine Herausforderung, die große Geduld erfordert — und würde ihn zwingen, seine Lehre, wie man im gegenwärtigen Augenblick lebt, in die Praxis umzusetzen.

Als ich zurückkam, wo er gerade gearbeitet hatte, war er jedoch fort. Ich suchte in den benachbarten Gängen, aber er war verschwunden. Ich fand schließlich die Eingangsseite des Marktes wieder, zahlte für den Kratzer und ging. Als ich zu meinem Transporter kam, saß ich eine Weile da, bevor ich wegfuhr, und sinnierte über mein unerwartetes Zusammentreffen mit dem Bestseller-Autor der New York Times.

Am nächsten Tag fuhr ich zurück, und war entschlossen, Eckhart zu finden und mit ihm zu sprechen, aber er war nicht da. Ich fragte mich, *vielleicht musste er nur diesen einen Tag arbeiten, um alles zu lernen, was er brauchte.* Ich schwor mir, nach seinem nächsten Buch Ausschau zu halten, um zu sehen, ob es etwa einen Titel hatte wie *Im Jetzt bei Walmart.*

Da ich sowieso in der Stadt war, beschloss ich, zur Latte Lounge zu gehen, einem Studententreff, der einen gemeinsamen Eingang mit dem benachbarten Buchladen hatte. Während ich auf meine Bestellung wartete, schaute ich nach den Bestsellern. Oben im Regal war Eckhart Tolles Buch, *Die Kraft der*

Gegenwart, und als ich in das Gesicht des Autors schaute, hörte ich Saint Germain lachen. Ich erkannte dann, dass er es war, dem ich bei Walmart begegnet war.

EIN BESUCH VON ZWEI MEISTERN

Dieser Retreat in den Catskill Mountains hatte fast drei Jahre gedauert, und in dieser Zeit hatte ich drei Bücher fertiggestellt: *In Tibet auf der Suche nach dem geheimnisvollen wunscherfüllenden Juwel,* ein Bericht über meine Reisen in Tibet, der auf Wunsch von Saint Germain geschrieben wurde, um bestimmte alte Lehren aus dem Fernen Osten vorzustellen. Ich bearbeitete auch die Lehren Jesu auf seinen Wunsch hin, und gab ihnen eine präzisere Form, in *ICH BIN der Lebendige Christus.* Schließlich bearbeitete ich *Schritt für Schritt,* eine Sammlung kraftvoller ICH BIN-Diskurse, die meiner Lehrerin Pearl gegeben wurden, und die sie an mich weitergegeben hatte. Ich hatte drei kalte Winter überstanden, mit Schnee bis hoch zu den Fenstern, und nun schien alles zu einem Stillstand gekommen zu sein. Ich fragte mich wieder, wie damals, als ich zuerst am Berg angekommen war, *vielleicht ist meine Arbeit beendet...und ich kann nun meinen Aufstieg vollenden.*

Als ich an diesem Abend auf meiner Futonmatratze saß, erschienen plötzlich zwei Meister, El Morya und sein Begleiter, Kuthumi. Ohne Zeit zu verschwenden, für Begrüßungen oder beiläufigen Plausch, sagte Kuthumi; „So, du willst also wirklich deinen Körper verlassen? Wir sind hier, um deine Entscheidung zu hören."

Hier ist endlich meine Chance, dachte ich, aber anstatt das zu sagen, wonach ich mich gesehnt hatte, sprach die Stimme meiner Seele, „Ich will das, was immer zum größten Wohl der Menschheit ist."

„Sehr gut, wir werden das dem Chef sagen", schloss El Morya mit verschrobenem Humor, und er wusste, dass ich verstehen würde, dass der Chef der Lord Maha Chohan ist – jener, der die Chohans der Sieben Strahlen beaufsichtigt, und mein unmittelbarer Vorgesetzter ist. Die zwei Meister nickten, und verschwanden so plötzlich, wie sie gekommen waren.[19]

Die Wochen vergingen ohne weitere Klärung oder Beantwortung meiner Frage. Ich persönlich glaubte, ich wäre der Menschheit durch meinen Aufstieg mehr von Nutzen, aber der „Chef" dachte möglicherweise, ich könnte mehr vollbringen, wenn ich in der Verkörperung blieb. Jeden Abend wartete ich auf die Meister, dass sie mit einer Klarstellung zurückkommen würden, aber vergeblich.

Da mir nicht mitgeteilt wurde, ob nun auf die eine oder andere Weise, beschloss ich schließlich eines Abends, meinem eigenen Willen folgend, aufzusteigen:

Ich werde den Regenbogenkörper erlangen,
wie die Yogis in Tibet!

Ich meditierte auf das innere Licht, erhob es dann in das Licht meiner ICH BIN-Gegenwart, und brachte die beiden Lichter zusammen. Die beiden kamen sich näher, und ich wusste, wenn die zwei Lichter miteinander verschmölzen, würde der Aufstieg vollzogen sein.

Ich affirmierte,

Ich löse nun das menschliche Selbst in das Höhere Selbst
auf.

Plötzlich erfüllte ein Blitz blendenden Lichts den Raum, und ich sah durch das Fenster die ganze Hügelkuppe wie durch die Nachmittagssonne erleuchtet. Das Zischen von Elektrizität ging

---

[19] Die Meister sind nicht die feierlichen, schmalgesichtigen ernsten Individuen, wie sie von Theosophen oft dargestellt werden; sie sind vielmehr Verkörperungen der Liebe, die oft Heiterkeit manifestieren, und definitiv Sinn für Humor haben.

durch den Raum, als die Drähte in den Wänden schmolzen —
und ich wurde ohnmächtig.

Am Morgen wachte ich auf, und entdeckte zu meiner Ent-
täuschung, dass ich noch immer einen physischen Körper hatte.
Als die Lichter nicht angingen, erkannte ich, dass die Hütte von
einem Blitz getroffen worden sein musste, und die Drähte in
den Wänden geschmolzen waren.

Da ich nicht aufgestiegen war, war klar, dass ich noch hier
sein sollte. Darüber hinaus hatte ich die intuitive Erkenntnis, *es
ist Zeit, nach Mount Shasta zurückzukehren, wo die Meister weitere
Arbeit für mich zur Vollendung bereithielten.*

Der Maha Chohan hatte seine Antwort an mich durch einen
Blitz geschickt, wie der griechische Gott Thor, und ich fragte
mich, ob sich die Meister wohl gut amüsiert hatten.

DER ZEN-MECHANIKER

An einem kalten Herbstmorgen bereitete ich mich auf die lange Rückfahrt quer durch das Land vor. Mein siebzehn Jahre alter Transporter hatte merkwürdige Geräusche gemacht, also brachte ich ihn zur Kontrolle in eine Werkstatt. Ich wollte nicht mitten in Kansas am Straßenrand liegen bleiben. Auch wenn ich wusste, dass die Meister bei mir waren, so war mir klar, dass es mir oblag, mich um die materielle Ebene zu kümmern, so gut ich konnte.

Ich fuhr vor Jims Werkstatt, und Jim begrüßte mich mit einem Lächeln, „Was mag das Problem sein?"

„Er macht vorne komische Geräusche."

„Nun, wir haben die Radlager schon gewechselt."

Ich war überrascht, dass er sich erinnerte, welche Reparaturen er vor sechs Monaten gemacht hatte, und ich fragte mich, wieso jemand mit so einem scharfen Verstand in einer kalten, schmierigen Werkstatt arbeiten wollte; dann fiel mir wieder ein, dass er mit seinem Vater zusammenarbeitete, zu dem er ein gutes Verhältnis hatte, und er lebte in einer schönen Hanglage mit seiner Frau und zwei Kindern, nur wenige Minuten zu Fuß zum Hügel hinauf. Er hatte ein gutes Leben.

Jim nahm den Transporter auf die Bühne, ruckelte an dem rechten Rad hin und her, kratzte sich am Kopf, und sagte, „Sag mal, du hast letztes Mal nicht die billigen Kugellager gekauft, oder?"

Ich war vorher schon ein Mal da gewesen, als der Transporter Geräusche machte, und er hatte mich in die Stadt zum Ersatzteillager geschickt, wo mir der Verkäufer zwei verschiedene Lager zeigte, ein teures und ein billiges. Ich erinnerte mich, dass ich mich über den Preisunterschied wunderte, da sie beide gleich aussahen.

„Ich habe die billigen gekauft...ist das schlimm?", gab ich zu.

Auf seinem Gesicht erschien ein wissendes Lächeln – der weise Blick eines Zen Meisters, und er sagte,

Es ist was es ist.

Seine Antwort hallte durch mein ganzes Wesen. Ich fühlte mich losgesprochen – nicht nur von meiner falsch getroffenen Entscheidung, sondern von allen Fehlern meines Lebens, von all den Situationen, wo meine Mutter zu mir gesagt hatte, ich hätte das falsche getan. Nun schien es so zu sein, dass es keine falschen Entscheidungen gab, sonder nur Lektionen. Ich fühlte mich angenommen als Person, mitsamt allen Fehlern. Dieser Mechaniker hatte mich losgesprochen von meinen Sünden, gleich einem Priester.

Während er unter dem vorderen Teil meines Transporters herumstocherte, rief Jim plötzlich, „Weißt du was? Es sind nicht die Lager...es sind die Ritzel. Du musst wieder in die Stadt fahren und neue besorgen."

Erleichtert fuhr ich noch einmal zum Ersatzteillager, und kaufte mit großer Zufriedenheit die teuren Teile. Nachdem die Ritzel eingebaut waren, sagte Jim, als würde er einen persönlichen Segen von den Meistern übermitteln, „Nun wirst du nicht mitten in Kansas liegen bleiben!"

Ich umarmte Oceana und wusste, dass ich sie vermissen würde. Sie war eine ständige Inspiration gewesen – eine Muse – und hatte mir diesen schönen Retreatraum für fast drei Jahre gegeben. Mein Herz schlug wild, als ich in den Transporter einstieg. Dann drehte ich schließlich den Zündschlüssel und fuhr los, über das zerfurchte Feld, ohne zurückzuschauen. Bald war ich auf der Fernstrasse Richtung Westen.

MEIN RAUMSCHIFF

Mir graute vor der langen Fahrt zurück nach Kalifornien, und ich wünschte mir, ich hätte das kleine Raumfahrzeug, das mir bei einem lebendigen Erlebnis außerhalb des Körpers einige Jahre zuvor geschenkt worden war. Ich wusste, dass diese Reisemethode in der Zukunft eine Realität werden wird. Ich fragte mich, *warum geben sie mir dieses Raumschiff nicht jetzt zurück?*

Für die erste Nacht der Fahrt hielt ich in New Jersey an, um einen Freund zu besuchen, der Radiointerviews macht. Er wollte mich über meine Erlebnisse mit den Meistern befragen.

Als ich am Ende einer ländlichen kleinen Strasse in seine Einfahrt einbog, kam er heraus und begrüßte mich aufgeregt. „Peter, letzte Nacht hast du mich in einem UFO besucht! Ich dachte zuerst, es sei nur ein Traum gewesen, aber als ich heute Morgen in den Garten hinausging, fand ich einen runden Abdruck in den Pflanzen, mit der gleichen Größe wie dein Schiff!"

„Es tut mir leid wegen deiner zerdrückten Pflanzen", sagte ich.

„Na ja, wenigstens bestätigt es, dass es kein Traum war. Wenn du dein Schiff in der Zufahrt geparkt hättest, dann hätte es keinen Abdruck hinterlassen."

Auch wenn ich scherzte, bei künftigen Besuchen nicht auf den Pflanzen zu landen, so fühlte ich doch, dass dies eine Bestätigung dafür war, dass ich mich auf mehr Ebenen bewegte, als mir zu erinnern erlaubt war. Ich wusste, die Zeit war nicht fern, wenn ich diese Art der Fortbewegung bei vollem irdischem Bewusstsein verwenden würde.

LIEBE ÖFFNET DIE TÜR

Ich fuhr auf der Interstate-70 weiter nach Westen, und einige Tage später durch Columbia in Missouri. Ich beschloss, bei einer kleinen abgelegenen Tankstelle, ungefähr zehn Meilen östlich von der Stadt, aufzutanken. Während ich aus dem Transporter ausstieg, bemerkte ich an der Uhr im Armaturenbrett eine falsche Zeit, da ich in eine neue Zeitzone gefahren war. Ich wühlte im Handschuhfach, und fand einen Kugelschreiber, mit dem ich den Resetknopf drücken konnte. Ich musste aber den Zündschlüssel wieder einstecken, um das elektrische System zu aktivieren.

Nachdem ich die Uhr eine Stunde zurückgestellt hatte, ging ich hinein, um das Benzin zu bezahlen. Während ich mich anstellte, kam ich nicht umhin zu bemerken, dass die junge Frau hinter dem Tresen jeden mürrisch anschaute. Sie hatte eine so schlechte Laune, dass mir davor graute, mit ihr sprechen zu müssen. Ich erkannte allerdings, dass auch ich schlechte Laune haben würde, wenn ich ihre Arbeit tun müsste, und visualisierte sie umgeben von einer rosafarbenen Wolke göttlicher Liebe.

Als ich schließlich dran war und vor ihr stand, sagte sie gereizt, „Möchten Sie noch etwas?“. Ich wollte ihr sagen, „Warum denn so mürrisch,“ aber ich sagte stattdessen, „Nein, nur das Benzin“, da ich spürte, sie könnte bei der geringsten Provokation explodieren.

Ich ging zum Transporter zurück und griff in meiner Tasche nach den Schlüsseln, aber da war nichts drin. Ich schaute durch das Fenster des Transporters und sah die Schlüssel am Zündschloss hängen, wo ich sie gelassen hatte, als ich die Zeit nachstellte.

Ich hatte mich ausgesperrt. Meine schlimmste Befürchtung, irgendwo mitten im Land an einem verlassenen Ort liegen zubleiben, war nun Wirklichkeit geworden. Ich rief sofort Saint Germain und andere Meister an,

Saint Germain und große Schar Aufgestiegener Meister, bitte kommt jetzt herbei und helft mir!
ICH BIN die offene Tür, die niemand schließen kann!
ICH BIN, ICH BIN, ich weiß, ICH BIN, komm jetzt herbei!

Da kein Meister mit einem magischen Allzweckschlüssel erschien, war mir klar, dass mir nichts anderes übrigblieb, als wieder hineinzugehen und um Hilfe zu bitten. Mir graute davor, dieser geladenen Frau gegenüberzutreten, aber ich sah, ich hatte keine andere Wahl. Es war kein anderes lebendes Wesen in der Nähe, das ich um Hilfe hätte bitten können.

Als ich auf sie zuging, schaute sie düster drein und fragte, „Also, was wollen Sie jetzt?"

„Ich habe meinen Transporter abgesperrt und die Schlüssel drinnen gelassen", stammelte ich und machte mich klein, in Erwartung ihrer grimmigen Antwort, aber in dem Moment, als sie meiner Verzweiflung gewahr wurde, war sie transformiert. Sie war kein grimmiger Drachen mehr, der aus seinen Nüstern Feuer spie, sondern sie war transformiert zu einer mitfühlenden Göttin.

„Ach, Sie ärmster...ich helfe Ihnen mal", sagte sie, und umfing mich plötzlich mit einem Gefühl mütterlicher Güte.

Flink zückte sie ihr Mobiltelefon, fand zwei Schlüsseldienste nahe Columbia und gab mir deren Telefonnummern; aber als ich diese anrief, sagten beide, sie seien beschäftigt. Sie fragte dann einen Mann, der im hinteren Teil des Ladens den Boden wischte, den ich zuvor nicht gesehen hatte, und der mir noch eine andere Nummer gab. Der Mann am anderen Ende sagte, er sei in zwanzig Minuten da. Wie angekündigt, hielt ein Transporter, und es sprang ein stämmiger Mann heraus. Ohne weitere Begrüßung klemmte er einen Keil in die Tür, schlug ihn mit einem Vorschlaghammer hinein, und die Tür sprang auf.

„Das macht vierzig Dollar, unser Mindestpreis", sagte er entschuldigend. Ich bezahlte, er reichte mir die Quittung und fuhr davon. Ich schaute auf den Namen auf der Quittung, und war verblüfft, als ich den Namen sah: Meister-Schlüsseldienst.

Bevor ich wegfuhr, wollte ich der Frau danken, die mir geholfen hatte. Sie war nun eine andere Person als die, die ich am Anfang erlebt hatte. Sie strömte Liebe aus, als sie fragte, „Und? Konnte es in Ordnung gebracht werden, Schätzchen?"

„Ja, dank Ihnen."

Ich wollte meine Dankbarkeit in irgendeiner materiellen Weise zum Ausdruck bringen, wollte aber ihre Gefühle nicht verletzen, indem ich ihr Geld anbot. Nichtsdestoweniger griff ich schließlich in meine Tasche, und reichte ihr einen zusammengefalteten Fünf-Dollar-Schein.

„Oh nein, ich kann das nicht annehmen", sagte sie, und hob ihre Hände hoch.

„Ich weiß, Sie haben mir mit der Güte Ihres Herzens geholfen, aber wir müssen alle unser Auskommen haben, und ich würde mich gut fühlen, wenn Sie das als kleines Zeichen meiner Dankbarkeit annehmen würden", sagte ich.

Sie nahm schließlich das Geschenk an, und mit einem anrührenden Lächeln sagte sie, „Nun passen Sie aber gut auf sich auf, Schätzchen."

Mit Liebe in meinem Herzen sagte ich Auf Wiedersehen zu diesem Engel von Liebenswürdigkeit. Ich wollte sie nach ihrem Namen und ihrer Adresse fragen, damit ich ihr eine Postkarte schreiben könnte, wenn ich in Kalifornien angekommen war, aber Schüchternheit hielt mich davon ab, zu fragen.

Ich ging zurück zum Transporter, startete den Motor, und als ich aus dem Parkplatz fuhr, bemerkte ich den Namen der Tankstelle auf einem Schild: „Love's Travel Stop."

DER MANN MIT DEM KAPUZENPULLI

Der Winter kam, und ich war dabei, obdachlos zu werden. Ich war nach Mount Shasta zurückgekehrt, um ein zugesagtes Haus als Untermieter zu beziehen, aber nach einem Monat der Vorbereitung für Retreats mit den Aufgestiegenen Meistern, wurde mein Vermieter zwangsgeräumt, und so musste ich ebenfalls gehen. Ein Freund erfuhr schließlich von meiner Notlage, und bot mir für vorübergehend ein Gästezimmer an. Das war nicht das Willkommen, das ich von den Meistern erwartet hatte. Ich war zurückgekommen, um ihnen wie in der Vergangenheit zu dienen; aber nun fühlte es sich an, als ob sie die Tür zugeschlagen hatten, und ein Gefühl der Ablehnung ließ mich plötzlich in eine dunkle Seelennacht fallen. Ich fragte mich, *was habe ich falsch gemacht?*

Wenn ich in der Vergangenheit die Meister anrief, fügte sich alles zur richtigen Ordnung. Ich war sicher, ihre Führung befolgt zu haben, doch statt ein Heim zu haben, wo ich meditieren, schreiben und lehren konnte wie in der Vergangenheit, war ich in einer lauten Wohnanlage aus Eigentumswohnungen, wo permanent Leute ein- und ausgingen.

Zu meiner gedrückten Stimmung trug auch noch meine neue Kleidung bei, die ich bestellt hatte, weil die alte vom täglichen Tragen des Feuerholzes Löcher hatte. Die Hosen waren bauschig, und das Hemd hatte nicht die Farbe, wie auf der gezeigten Abbildung. Ich wollte die Kleidung zurückgeben, wollte aber nicht die Zeit dafür aufwenden. Während ich nachdachte, was ich tun sollte, beschloss ich, eine Tasse Kaffee zu trinken. Während ich die Old McCloud Road zum Seven Suns Café hinaufging, dachte ich bei jedem Schritt, „Ich mag diese Kleidung nicht...ich hoffe, mich sieht keiner, den ich kenne."

Während ich ging, hatte ich in meinem Geiste ein Gespräch mit Saint Germain, und sagte ihm, dass ich nicht verstehe, warum die Meister mich zurück nach Mount Shasta gebracht hatten; ich hatte nicht nur keine befriedigende Wohnung zum Leben und Arbeiten, sondern ich mochte auch meine Erscheinung nicht.

Als ich den Mount Shasta Boulevard erreichte, und das Café auf der anderen Straßenseite ansteuerte, schaute mich ein junger Mann an, der einen schwarzen Kapuzenpulli trug, und ich wendete mich ab. Diese Kapuzenpullis waren bei jungen Leuten populär geworden, nachdem ein junger Afroamerikaner erschossen worden war, der so einen getragen hatte. Sie verbargen nicht nur das Gesicht einer Person, sodass es schwer war, jemanden, der eine Straftat begangen hatte, zu identifizieren, sondern schienen Konflikte geradezu zu provozieren, und die schwarze Farbe deckte sich mit der Dunkelheit. So machte ich um diesen jungen Mann mit dem Hoodie einen Bogen. Doch er starrte mich weiterhin an. Während ich auf eine Lücke im Verkehr wartete, damit ich über die Strasse gehen konnte, sagte er, „Hey Alter, dein Outfit gefällt mir!"

„Wie bitte?", sagte ich ungläubig, da ich die ganze Zeit auf meinem Weg im Stillen wiederholt hatte, *Ich hasse dieses Outfit.*

Er wiederholte, „Mir gefällt dein Outfit. Ja, ich finde deine ganze Ausstrahlung gut! Du hast die Energie eines bekannten Schriftstellers, wie Hemingway oder so jemand."

Ich war sprachlos, nicht nur, dass ihm meine Erscheinung gefiel, sondern er nannte den Schriftsteller, dessen Stil ich am meisten bewunderte. Nun wandte ich mich dem Mann mit der hochgezogenen Kapuze, der mich mit Komplimenten überschüttete, zu, um sein Gesicht zu sehen. Ich wollte als Erwiderung etwas Liebenswürdiges sagen, aber es war niemand da — ich war alleine an der Straßenecke.

Wie sonderbar! Aber was hätte ich eigentlich sagen wollen? Ich hätte nicht gelogen, wenn ich gesagt hätte, mir gefällt seine Kleidung auch, die aus einer kurzen Sporthose und Badelatschen bestand, und dem Kapuzenpulli.

Ich löschte die Begebenheit aus meinem Mind, und überquerte die Strasse zum Café. Nachdem ich meinen Kaffee in der Hand hielt, ging ich hinaus, um zu schauen, ob der merkwürdige Typ wieder aufgetaucht war, aber er war nirgendwo zu sehen. Als ich über diese sonderbare Begegnung nachsann, erkannte ich, dass ich mich besser fühlte – dass wenigstens eine Person meinte, ich sähe gut aus und hätte sogar eine gute Ausstrahlung.

Am nächsten Morgen erwachte ich, und spürte die Gegenwart von Saint Germain. „Also, dir hat meine Kleidung nicht gefallen?", lachte er. Dann war er verschwunden, und hinterließ mich geistig, körperlich und seelisch angehoben.

Die Umstände änderten sich hiernach bald. Mir wurde ein Haus im Wald angeboten, für einen Schriftsteller bestens geeignet. Als ich einzog, spürte ich, dass ich wieder an einem Ort war, wo ich arbeiten konnte. *Aber was war meine Arbeit?*

Die Meister beantworteten die Frage nach der Art meiner Arbeit mit Ereignissen, statt mit einer vernehmbaren Mitteilung. Innerhalb einer Woche nach meinem Einzug in die neue Hütte, begannen Leute in Gruppen von drei bis fünfzehn Personen aus aller Welt zu erscheinen. Innerhalb von zwei Wochen kamen über fünfzig Leute, aus China, Russland, den Niederlanden, Irland, Brasilien, und einige aus den USA. Die meisten waren Frauen.

Wenn ich sie fragte, was sie hierher geführt hatte, sagten sie entweder, sie hatten meine Bücher gelesen, meine YouTube Videos gesehen, oder meine Internetseite angeschaut.[20] Andere sagten, sie wurden durch Träume nach Mount Shasta geführt. Die meisten suchten innere Führung durch die Meister, aber einige wollten einfach eine Herzensverbindung mit jemandem, der den Meistern begegnet war.

Wenn jemand vor mir sitzt, der aufrichtig ist und ein offenes Herz hat, ergießt oft mein Höheres Selbst oder ein Meister einen Segen aus meinem Herzzentrum in das Seine – eine unmittelbare Übertragung, wie sie geschah, als ich bei Pearl saß. Es ist das Gewahrsein dieser inneren Flamme, die Führung gibt, und die die Grundlage für Meisterschaft ist.

In diesem Zentrum erkennt man sein Einssein mit anderen, was die Buddhisten *Bodhicitta* nennen. Es ist das, was meine Lehrerin Pearl die Kostbare Perle nannte, und was Trungpa Rinpoche als den „empfindsamen Punkt" bezeichnete.

Es ist dieses Zentrum unterhalb des Brustbeins, wo man nicht nur Freude spürt, sondern auch emotionale Verletzungen.

---

[20] www.I-AM-teachings.com, [Dt.: www.ich-bin-lehre.com], hält Bücher und Videos über die Lehre zum Herunterladen bereit sowie ein Kontaktformular, um den Autor persönlich zu kontaktieren.

Dort an diesem zarten Punkt ist es, wo Heilung geschehen muss. Wir kommen Leben nach Leben immer wieder zurück, um diese Wunden zu heilen und unsere Unwissenheit in Weisheit umzuwandeln. Mütter fühlen diesen empfindsamen Punkt spontan, wenn ihre Liebe zu ihren Kindern fließt. Wir alle haben diese Fähigkeit, aber man braucht zuerst die Konzentration darauf und das Bewusstsein für dieses Licht im Zentrum dieses empfindsamen Punktes.

MAHARAJJI ERSCHEINT

Es erschien eine Frau an meiner Hütte, die in theosophischen Studien sehr gebildet war, und ich fragte mich, *was kann ich dieser Frau wohl beibringen?*

Aber je mehr sie redete, desto klarer wurde mir, dass nicht nur die Theosophie, sondern auch die so genannte New-Age-Wissenschaft, die meisten Menschen nur verwirrt haben, da sie ihre Anhänger nicht angespornt haben, ihren eigenen Geist zu beruhigen und zu beobachten.[21] Trotz ihres Wissens über metaphysische Dinge war sie von Selbstzweifeln gequält und unfähig, ihren Geist länger als ein paar Sekunden auf einen Gedanken zu konzentrieren.

Nach einer Weile hatte ich genug, und bat sie, ihre Gedanken einfach loszulassen und ihre Aufmerksamkeit auf ihre Atmung zu richten. Allmählich verlangsamte sich ihr Denken, und sie begann ihr Zentrum zu fühlen. In diesem Augenblick begannen die Meister ihr Licht durch sie zu ergießen, und sie wurde durchlässig. Ihre Liebe begann dann aus ihrem Herzen zu strömen.

Plötzlich richtete sie sich überrascht auf, „Wer ist dieser fette indische Typ in der Wolldecke?"

„Welcher Typ?"

„Der Typ, der in deinem Stuhl sitzt! Du bist verschwunden, und da war ein fetter, kahlköpfiger Mann dort."

---

[21] Soweit ich weiß, hat keiner der bekannten Theosophen Meditation praktiziert, wie man sie im Fernen Osten kennt; desgleichen praktizierte keiner der Channels der Meister, von Godfre Ray King bis hin zu Elizabeth Clare Prophet oder ihren späteren Nachahmern, Meditation. Daher ist es zweifelhaft, ob überhaupt einer von ihnen Erleuchtung erlangt hat, d.h. persönlich eine unmittelbare Wahrnehmung der Wahrheit hatte. Es ist leichter, angeblich erleuchtete Wesen zu „channeln", als selber die Wahrheit zu kennen.

Nach ihrer Beschreibung wusste ich, dass sie Neem Karoli Baba sah, dessen alte Decke ich über die Stuhllehne gehängt hatte. Als ich ihr ein Foto von ihm zeigte, sagte sie, „Das ist er!"

Das war der Guru, bekannt als Maharajji, der den Harvard-Professor Richard Alpert zum spirituellen Lehrer Baba Ram Dass transformiert hatte.[22] Da er mir, als ich vor fast fünfzig Jahren zu seinen Füssen saß, nicht viel Beachtung geschenkt hatte, war es eine große Überraschung, dass er nun erschien. Ich hatte keinen direkten Kontakt zu ihm gehabt, seit ich mit ihm allein Chai getrunken und gesprochen hatte, in seinem Ashram in Vrindavan in Indien, 1971.[23] Tatsächlich schien es so, als hatte er mich in den sechs Monaten, die ich bei ihm gewesen war, ignoriert. Er tat alles mögliche, um mich davon abzuhalten, ihn als meinen Guru zu betrachten — wodurch ich mich doppelt abgelehnt fühlte, da ihn alle anderen als Gott anbeteten. Am Ende war er so entschlossen, dass ich meine Aufmerksamkeit nach innen wenden sollte, um den Guru in mir selbst zu finden, dass er drohte, einen großen Stein nach mir zu werfen. *Was macht er also nun in meinem Stuhl?*

An diesem Abend saß ich an meinem Schreibtisch und schrieb, als ich plötzlich Maharajjis überwältigende Gegenwart spürte. Diese Gegenwart wurde stärker, bis ich er war, mit einem weißen *Dhoti* um einen vorstehenden Bauch gewickelt — und die schönste Liebe erfüllte mein Wesen.

„Was willst du? Warum kommst du nach all den Jahren zu mir? Gibt es etwas, das du mir sagen willst?", fragte ich.

Ich horchte gespannt und hörte, „Nun sind wir eins."

---

[22] Autor von *Be Here Now*, 1971; dt.: *Sei jetzt hier - Ein dreiteiliges Handbuch für die Reise ins Innere Zentrum.* Sadhana 2021. Neem Karoli Baba (1900-1973) wurde von seinen Anhängern Maharajji genannt.

[23] Meinen Bericht über dieses private Treffen mit Neem Karoli Baba kannst du nachlesen in: *Abenteuer eines Westlichen Mystikers*, Band I, *Suche nach dem Guru:* Er starb ein Jahr später, am 11. September 1973.

Das war sein Anliegen, zu jener Zeit, 1971, dass ich das realisierte, als er mich eines Tages, als ich sein Zimmer betrat, überraschend fragte, „Wer bist du?"

Einige Wochen später, in der Nacht zu meinem Geburtstag, wachte ich auf und fand ihn auf der Bettkante sitzend. Er schaute mir in die Augen, und beantwortete die Frage, die ich die Meister gefragt hatte: „Wann könnte ich meinen Körper verlassen?"

Er sagte schlicht, „Ich möchte, dass du in deinem Körper bleibst...du hast hier Arbeit zu tun!"

Er zog meinen Kopf für einen kurzen Augenblick an seine Brust, und dann war ich allein. Ich setzte mich im Bett auf und meditierte darüber, was geschehen war, und ich wusste nun, was er vor einem halben Jahrhundert wollte, dass ich es erkenne.

Trotz seiner indischen Herkunft war dieser hoch verehrte Heilige nun offensichtlich ein Mitglied des Aufgestiegenen Rates des Lichts, und arbeitete mit Saint Germain zusammen.[24] Im aufgestiegenen Zustand verschwinden kulturelle Unterschiede – denn im Himmel gibt es keine Religionen. Die Erscheinung dieses Meisters in der Form, die als Maharajji bekannt war, war nur eine Illusion, die verwendet wurde, um eine Botschaft zu vermitteln.

---

[24] Ich habe hier die Bezeichnung Aufgestiegener Rat des Lichts verwendet, im Austausch der traditionellen Bezeichnung Große Weiße Bruderschaft, da diese Wesen aus beiden Geschlechtern und allen Rassen bestehen. Die Farbe Weiß bezieht sich nur auf die Roben, in denen sie erscheinen, und auf das Licht, das sie ausstrahlen.

Maharajji (Neem Karoli Baba)

DER ORT DES GROßEN ERWACHENS

Ich fühlte mich so gesegnet durch die Lehren, die mir die Meister in den Jahren geschenkt hatten, dass ich sie auf irgendeine Weise verfügbar machen wollte. Eines Tages erkannte ich, dass es das Beste war, mit der Beruhigung des Geistes zu beginnen.

Ich hatte eine kraftvolle Methode von Trungpa Rinpoche gelernt, die *Shinay* (Stille) mit *Vipassana* (Selbstuntersuchung) kombiniert, und die mit der Beobachtung des Atems beginnt, aber mit leicht geöffneten Augen. Jeder spirituellen Praxis liegt die ein oder andere Form der Selbstbeobachtung zu Grunde.

Ein scheinbarer Zufall, den ich später als von den Meistern arrangiert erkannte, hatte sich ereignet, als ich Rich Anderson über den Weg lief, dem Inhaber des Herb and Health Store [Kräuter-und-Gesundheitsladen]. Als ich ihm von meinem Wunsch erzählte, *Vipassana* zu lehren, bot er die Kellerräume seines Gebäudes als Meditationshalle an. Er fügte hinzu, dass ihm der Dalai Lama kürzlich in einem Traum erschienen war und gesagt habe, er habe ein Projekt für ihn – aber er habe ihm nicht gesagt, was das Projekt war. War es möglicherweise das Meditationszentrum, was der Dalai Lama im Sinn hatte?

Da Namen einen großen Einfluss auf die angerufene Energie haben, nannte ich das Zentrum *The Place of Great Awakening* [Ort des Großen Erwachens]. Wenn man einen Ort zum Meditieren aufsucht, ist es etwas anderes, ob man denkt, „Ich gehe in den Keller des Kräuterladens", oder „Ich gehe zum Ort des Großen Erwachens". Natürlich soll das große Erwachen zur Erkenntnis unseres Wahren Selbst führen.

Wir versammelten uns jeden Donnerstag Abend, und ich gab eine kurze Einführung für die Neuen:

1) „Sitze bewegungslos, Rücken gerade, Augen leicht geöffnet und bequem nach unten blickend.[25]

2) Die Hände können mit den Handflächen nach unten auf die Knie gelegt werden, oder eine Hand in die Handfläche der anderen, im Schoß ruhend.

3) Spüre das Ein- und Ausatmen, das Heben und senken deiner Brust.

4) Denke an nichts, fühle nur das Atmen. Wenn ein Gedanke kommt, etikettiere ihn mit 'Denken', und komme zurück zum Spüren des Atems. Versuche nicht, den Atem zu kontrollieren; erlaube ihm einfach, seinen natürlichen Rhythmus zu finden.

5) Lasse deine Wahrnehmung in die Mitte deiner Brust sinken.

6) Erlaube deinem Geist, sich ohne Begrenzung nach Außen auszudehnen.

„Allmählich verlangsamen sich Geist und Atem – die Abstände zwischen den Gedanken werden immer länger. In diesen Zwischenräumen wird es Augenblicke des reinen Gewahrseins geben, frei von allen Vorstellungen. Während dieses Vorgangs kann zwischen unterschiedlichen Aspekten deines Geistes folgender Dialog auftreten:

Was geschieht?

Ich meditiere.

Wer meditiert?

Ich!

Wer ist das?

---

[25] Die südliche buddhistische Waldtradition lehrt eine leicht abweichende Form, mit geschlossenen Augen, wobei man die Empfindungen in verschiedenen Körperteilen beobachtet. Auch wenn diese Konzentration und Stille lehrt, so habe ich diese Methode nicht als so wirksam empfunden, die Illusion des Selbst zu durchschneiden, wie die Methode mit offenen Augen.

„Während du diesen Prozess der Erkundung fortsetzt, wirst du entdecken, das das Selbst, das du untersuchst, eine Illusion ist. Das Wesen, das du wirklich bist, ist jenseits von Name, Form und Denken. Du bist geburtlos, todlos und uranfänglich frei.

„Kehre immer wieder zurück zur Atmung, wenn der Geist abwandert. Der Atem ist kein Selbstzweck, nur ein Mittel zum Zweck, und dieser Zweck ist unendlich. Der Atem ist der Zugang, der zur Transzendenz des Selbst führt.

„Dies ist die grundlegende Methode, die Siddharta Gautama benutzte, um ein Buddha, ein Erwachter zu werden. Während du Selbstbeobachtung praktizierst, wirst auch du ein Buddha werden."

Ich dachte, es sei leicht, diese Methode zu lehren, und dass alle gemäß der einfachen Unterweisung praktizieren würden. Ich war erschrocken, als ich dann entdeckte, dass die Leute eine Vielfalt anderer Praktiken machten. Einige beteten, visualisierten Jesus, oder sie visualisierten den Weltfrieden – alles gute Praktiken, die aber im Allgemeinen nicht zur Selbst-Verwirklichung führen.

Es gab auch einige, die die Art des Sitzens ändern wollten, alle mit dem Gesicht zur Wand, wie in einigen Zen-Praktiken, während andere im Kreis sitzen wollten, um gleicher zu sein. Einige wollten einen aufwändigen Altar mit Statuen und Bildteppichen tibetischer Gottheiten, während andere einfach nur eine Vase mit einer Blume wollten.

Ich versuchte jedermanns Bitten zu berücksichtigen, aber nach einiger Zeit erkannte ich, dass, wie es Trungpa Rinpoche gesagt hatte, spirituelle Praxis kein demokratischer Prozess ist. Man kann sich nicht etwas lehren, was man nicht kennt. Es muss einen strukturierten Fokus geben, um das Ego davon abzuhalten, die Führung zu übernehmen. Wenn man eine Kerze anzündet, dann stellt man sie in eine Glaslaterne – in eine

Form, die die Flamme davor schützt, von einem Windstoß ausgeblasen zu werden.

Diese elementare Meditation ist die Grundlage, zu der spätere Praktiken hinzugefügt werden. Auch wenn es einigen Nutzen aus dem einfachen Rezitieren einer Affirmation geben kann (Gebete, ausgedrückt in der Form „ICH BIN...."), ohne sich des Wahren Selbst bewusst zu sein, so wird das ständige Wiederholen von Affirmationen, um das Gewünschte zu bekommen, einfach nur das Ego verstärken. Dies ist die Gefahr bei der heutigen Praxis der Anwendung des 'Gesetzes der Anziehung'. Jedoch ist die beste Anwendung einer Affirmation, uns dabei zu helfen, das in unserem Leben zu manifestieren, was Gott uns ohnehin schon geben möchte. Die Pflanze kämpft nicht, um die Blume zu erzeugen – sie erblüht aus ihrer eigenen zugrunde liegenden Natur heraus.

Ich war auch schockiert, als ich entdeckte, dass viele Leute, die zum Meditieren kamen, versuchten, von Schmerzen verschont zu werden. Sie suchten weniger die Erleuchtung, als das Ende ihres Leidens.

Ich begann, den Menschen vorzuschlagen, einige tiefe Atemzüge zu nehmen, wenn sie sich auf das Kissen setzten, und zu fragen, „Was fühle ich?"

Reduziere die Aussage auf ihren einfachsten Ausdruck, nicht mehr als drei Worte, vorzugsweise auf ein Wort, wie z.B. Einsamkeit. Es mag auch Angst sein, Ärger, Frust, oder ein gesundheitliches Problem. Identifiziere das Problem zuerst, dann kannst du damit arbeiten, und es klären.

Während dein Mind ruhig wird, und du dich beobachtest, wirst du erkennen, das du nicht der Einzige mit diesem Schmerz oder Problem bist. Millionen andere auf der Erde fühlen gerade in diesem Augenblick genau dasselbe wie du. Indem du es in dir selbst umwandelst, wandelst du es auch für sie um. Das ist die Praxis des Gebens und Nehmens, was die Tibeter *Tonglen* nennen. Auf diese Weise verwandelst du Leiden in Freude, Abneigung in Gelassenheit, und Ego-Pflege in Mitgefühl für andere.

Um diese Praktik auszuführen, beruhige deinen Geist. Während du ausatmest, sende goldene Lichtstrahlen aus der Sonne inmitten deiner Brust in die Herzen jener, die die gleiche Belastung haben wie du. Sieh, wie dein Licht ihre Herzen, ihren Geist und Körper erfüllt – und ihr Leiden lindert. Während du einatmest, erkenne wieder dein Einssein mit ihnen, und fühle die Quelle deines eigenen Lichts in der Mitte deiner Brust.

Eine Katze erwidert einen Gefallen

Ich musste aus meiner Wohnung ausziehen, und eine Bekannte nahm mich in ihrem Haus in der Stadt auf, bis ich eine neue Wohnung gefunden hatte. An einem Tag ging ich auf der Strasse zur Post, als ich eine Katze kläglich miauen hörte. Da ich dachte, sie gehört einem Nachbarn, beachtete ich sie nicht; aber am nächsten Tag hörte ich das jämmerliche Schreien wieder. Ich suchte die ganze Nachbarschaft ab, doch konnte ich die Katze nicht finden. Am nächsten Tag begann ein kalter Nieselregen, und nun nahm das Weinen einen verzweifelten Ton an.

Ich konnte diesen Hilferuf nicht länger ignorieren, und folgte dem Geschrei zum hohen Zaun eines Nachbarn. Ich spähte über den Zaum, und sah zwei Dobermannpinscher eine hohe Eiche hinaufschauen. Ein verängstigtes Kätzchen klammerte sich verzweifelt an einen der höchsten Äste.

Ich klopfte an des Nachbars Tür, und fragte mich, wie er diese Schreie drei Tage lang nicht hatte bemerken können. Nachdem ich ihm die Lage erklärt hatte, rief er seine zwei Hunde ins Haus, und sagte mir, ich könne seine Aluminiumausziehleiter verwenden. Ich zog die Leiter zu ihrer vollen Länge aus und lehnte sie gegen den Baum. Da ich nicht schwindelfrei bin, lehnte ich mich zum Stamm des Baumes hin, als ich die nassen Sprossen hochstieg.

Als die Katze Hilfe kommen sah, wurden die Schreie lauter, und sie kletterte herunter zu niedrigeren Ästen. Als ich zur vorletzten Sprosse kam, trennten mich immer noch fünf Fuß bis zu der armen Kreatur. Ich rief, „Kätzchen, ich kann nicht höher...jetzt oder nie!"

Es verstand vollkommen, sprang, und bohrte seine Krallen in meine Schulter, die glücklicherweise durch einen Pullover und eine Levi-Jacke geschützt war. Ich hielt es mit einer Hand, und benutzte die andere, um mich an der Leiter festzuhalten, und stieg vorsichtig hinunter auf den Boden.

Die Katze klammerte sich immer noch verzweifelt an mich, während ich sie ins Haus trug. Ich sah nun, dass diese nasse pelzige Kreatur nicht viel größer als ein Katzenjunges war, und ich wärmte einen Napf mit Milch an, die sie sofort gierig verschlang. Ich ging in die Stadt und kaufte einige Dosen Katzenfutter und beeilte mich, um sie noch weiter zu füttern. Bald schlief sie ein. Als sie aufwachte, sprang sie in meinen Schoß.

Als ich am nächsten Tag das Haus verließ, um zur Post zu gehen, ließ mich die Katze nicht aus den Augen und folgte mir den ganzen Weg. Während ich drinnen nach meiner Post schaute, wartete sie draußen an der Tür, und folgte mir dann zurück nach Hause.

Eine Woche später wachte ich mit einem starken Schmerz im Nacken auf. Ich war normalerweise bei bester Gesundheit, und dieses unerwartete Übel war mir ein Rätsel. Als ich mit dem Gesicht nach unten auf meiner Futonmatratze lag, kam die Katze, legte sich auf meinen Nacken und fing an zu schnurren. Nach einigen Minuten war der Schmerz weg. Ich setzte mich auf und schaute der Katze in die Augen, und es schien wie ein beiderseitiges Wiedererkennen einer Bindung zwischen uns, die man nicht in Worte fassen kann.

MEIN RESERVIERTER PLATZ

Ich pflegte nach Ashland zu fahren, um mir die Shakespeare-Spiele anzusehen. Diese kleine Stadt in Oregon, etwas mehr als eine Fahrstunde von Mount Shasta entfernt, hatte vier Theater, wovon eines eine authentische elisabethanische Freilichtbühne war. Die Menschen kamen von nah und fern, um den Aufführungen beizuwohnen, um in ein Tages-Spa zu gehen, und um in einem der ausgezeichneten Restaurants zu speisen, also war es schwierig, einen Parkplatz zu finden. Trotzdem einige mehrstöckige Parkhäuser gebaut worden waren, um dieses Zuviel an Fahrzeugen aufzunehmen, waren sie oft voll.

Als ich eines Tages nach Norden fuhr, um eine Aufführung zu sehen, beschloss ich, von der ICH BIN-Lehre Gebrauch zu machen, und einen Parkplatz zu manifestieren. Ich konzentrierte mich auf mein Inneres, und wiederholte drei Mal im Stillen, *ICH BIN die Gegenwart Gottes, die mir den vollkommenen Parkplatz besorgt.*

Während ich in die Stadt hineinfuhr, erspürte ich, wo dieser Platz sein würde, und fuhr langsamer, als ich näher kam. Er war dann auch tatsächlich genau da, wo ich ihn gesehen hatte. Ich parkte und war zufrieden, dass das große Gesetz der Energie so funktioniert hatte, wie es muss, und ging los, um mich an der Aufführung zu erfreuen.

Ich wandte diese Methode jedes Mal an, wenn ich nach Ashland fuhr, und der selbe Parkplatz war immer verfügbar. Damit ich die Worte nicht jedes Mal sagen musste, reservierte ich nach einiger Zeit den Parkplatz dauerhaft, indem ich affirmierte, *ICH BIN die Gegenwart, die den Parkplatz für mich dauerhaft reserviert, wann auch immer ich ihn brauche.* Von da an war er immer frei, und wartete auf mich so gewiss, als hätte er ein 'Reserviert'-Schild gehabt.

Dann ging ich in den Catskill Mountains in New York für drei Jahre in Retreat. Als ich nach Mount Shasta zurückkam, beschloss ich, nach Ashland zu fahren, um mich im großen Lebensmittel-Co-op zu bedienen, und um den metaphysischen Buchladen Sound Pace zu besuchen, wo meine Bücher angeboten wurden.

Ich hatte vergessen, wie überfüllt die Parkplätze waren, bis ich in die Stadt hineinfuhr. Da es Wochenende war, war viel Verkehr, und keine Aussicht auf einen Parkplatz; aber als ich die Main Street entlang fuhr, war da mein alter Parkplatz, wo er immer war – noch immer reserviert.

DAS LEBEN ALS EINEN PFAD WAHRNEHMEN

Nachdem Pearl ihren Körper verlassen hatte, spürte ich innere Führung, die Studien des Vajrayana-Buddhismus fortzusetzen, die ich 1971 bei Trungpa Rinpoche begonnen hatte. Diese Führung manifestierte sich weiter, als mir Chagdud Rinpoche in einem Traum erschien und mir sagte, ich solle ihn besuchen kommen.[26] Er veranstaltete einen neuntägigen Vajrasattva-Retreat in seinem Aschram in Junction City, eine dreistündige Fahrt von Mount Shasta entfernt. Die Praktik, die wir ausübten, veränderte mein Leben, und wieder zu Hause angekommen, fuhr ich fort, täglich in meinem Schreinzimmer zu praktizieren.

Vajrasattva ist die Meditations-Gottheit (Sanskrit: *Yiddam*), die all die anderen Gottheiten erschafft – mit anderen Worten, Gott, manifestiert als deine ICH BIN-Gegenwart. Vajrasattva löst sich zu einer goldenen Kugel auf, die Regenbogenfarben ausstrahlt, und dann in dein Herz eintritt – und du erkennst, „Ich bin Vajrasattva." Ich war sprachlos, als ich herausfand, dass die ICH BIN-Lehre in den antiken Schriftrollen des tibetischen Buddhismus verborgen war.

Am Ende der Praktik löst du die Visualisierung auf, und kehrst zum Bewusstseins deines menschlichen Selbst zurück; du kannst jedoch das geistige Bild der Gottheit über deinem Kopf weiter beibehalten, und den ganzen Tag Segnungen aussenden. Manche Christen machen etwas ähnliches, visualisieren aber stattdessen Jesus über dem Kopf.

---

[26] Der Aufstieg kann nach dem Tod des physischen Körpers auf einer höheren Ebene vollzogen werden. Lies die faszinierende Autobiographie von Chagdud Tulku Rinpoche, in *Lord of the Dance: The Autobiography of a Tibetan Lama,* (Padma Publishing, 2014); Dt.: *Der Herr des Tanzes: Autobiographie eines tibetischen Lama*, Vedo, 1998.

Durch einen buddhistischen Freund erfuhr ich eines Tages von einem reinkarnierten Lehrer, einem so genannten *Tulku*, der im Pema Osel Ling lehren sollte, dem Retreatzentrum in den Bergen östlich von Santa Cruz.[27] Ich spürte die starke Neigung, bei ihm zu studieren. Ich war nun jedoch verantwortlich für meine fünfundachtzigjährige Mutter, die zu mir gezogen war, und bei mir wohnte, und die ich nicht allein lassen wollte. Die Lösung war, dass die Tochter eines Freundes sich im Haus aufhielt, während ich fort war; allerdings wäre ich nie von zu Hause weggegangen, hätte ich die lebensverändernden Ereignisse gekannt, die eintreten sollten.

Die Hütte zwischen den Bäumen am Berghang, die mir gegeben wurde, war der ideale Ort zum Meditieren. Ich stand vor Sonnenaufgang auf, um meine Aufmerksamkeit nach innen zu richten, und ging dann in den Tempel zur Teilnahme an den buddhistischen Praktiken, die von dem führenden Lama geleitet wurden. Dann gab es Frühstück, und danach persönliche Unterweisung durch den Tulku.

Bei ihm begann ich, tibetische Astrologie zu lernen. Erstaunlicherweise konnte die Hand einer Person wie ein Computer verwendet werden, um ein astrologisches Schaubild zu erstellen. Aus dieser kann man ersehen, welche spirituellen Praktiken zu dem gegebenen Zeitpunkt für den Betreffenden gerade am besten geeignet sind. Nachdem er auf die planetarischen Anordnungen geschaut hatte, folgerte er, dass ich einen ungünstigen Aspekt hatte. Als ich meine Betroffenheit darüber zum Ausdruck brachte, sagte er, „Sei unbesorgt, der Dalai Lama hat denselben Aspekt."

---

[27] *Tulku*, ein tibetischer Ausdruck für eine weit fortgeschrittene Seele, die sich reinkarniert, um ihre Arbeit fortzusetzen; dieser wird üblicherweise von Lamas wiedererkannt, die diesen vorher kannten, oder ihre innere Sicht befähigt sie dazu. Wenn sie jedoch den richtigen nicht finden können, wird jemand anderes ernannt, um diese Lücke zu füllen.

Dann erklärte er, dass der Aspekt nicht unbedingt negativ zu interpretieren sei, er könne auch bedeuten, dass ich im Leben eine Mission zu erfüllen habe, die nur durch spirituelle Praxis vollbracht werden könne. Diese Praktik war die tibetische Antwort auf alles. Tatsächlich freuten sie sich über ungünstige Aspekte, denn das gab ihnen den Anreiz, Rituale durchzuführen, die Negativität in Weisheit umwandeln würden. Die langen tibetischen Winter gaben ihnen Gelegenheit, ihre Aufmerksamkeit nach innen zu richten und den Geist zu entwickeln – und Erleuchtung zu erlangen. Im Westen tendiert man stärker dazu, Ablenkung zu suchen, die einen darin stärkt, Selbstwahrnehmung zu meiden.

Da ich selbst Astrologe bin, fragte ich ihn eines Tages, ob er wünsche, dass ich sein westliches Schaubild ansehe. Er war einverstanden, erschrak aber, als er hörte, dass es ganz klar zeigte, dass er Lektionen über Beziehungen zu lernen habe, was durch das Quadrat zwischen Venus und Saturn angezeigt wurde. Als ich diese Herausforderung erwähnte, schob er das Schaubild beiseite und sagte, er wolle nichts mehr davon hören.

Da er beabsichtigte, ein College in Santa Cruz zu besuchen, um sein Englisch zu verbessern, wusste ich, dass er bald auf Frauen treffen würde, die ihm gewiss etwas über Beziehungen lehren würden. Da er scheinbar von der Bühne des Buddhismus ausgestiegen war, frage ich mich nun, ob er wohl später seinem Mönchsgelübde abschwören und irgendwo einen Haushalt begründen und Kinder großziehen würde. Ganz sicherlich wird irgendeine Herausforderung, die in diesem Leben nicht angenommen wurde, in einem nächsten Leben zur Saat werden, die dann Früchte trägt.

Ich arbeitete an meiner eigenen Herausforderung, die der Tulku in meinen Planeten dargestellt gesehen hatte, und praktizierte das Sanskrit-Mantra, Meditation und Opfergaben, von denen er sagte, sie seien angezeigt. Das machte mich glücklich, und wenn ich nicht im Unterricht war oder im Tempel saß, war ich für mich allein und arbeitete an diesen Praktiken. Ich war entschlossen, alle Negativität aufzulösen, und die Erfüllung meiner Bestimmung zu erreichen. Ich ahnte nicht, dass sich mein Schicksal bald geltend machen würde.

Eines Morgens klopfte es an der Tür meiner Hütte, und eine Frau vom Büro sagte, dass da ein wichtiger Anruf für mich gewesen sei. Das war vor der Zeit der Mobiltelefone, also ging ich zum Büro, um die mir gegebene Nummer anzurufen. Ich sprach dann zu einem Freund, der mir mitteilte, dass die Mutter meiner Tochter eine Herzattacke bekommen hatte. Ich müsste sofort nach Mount Shasta kommen und mich um meine Tochter kümmern. Sie würde für eine lange Zeit nicht in der Lage sein, ihre Rolle als Mutter wieder aufzunehmen, vielleicht auch nie mehr. Ich war nun ein Vater in Vollzeit für meine neunjährige Tochter.

Ich war fassungslos. Ich war dabei, ein Mönch zu werden, um in Vollzeit Erleuchtung anzustreben. Ich hatte kein Interesse daran, im *Samsara* weiterhin verstrickt zu bleiben, dem Streben nach sich immer verändernden Erscheinungen, die zu Leid führen. Ich war jedoch bald zurück im Haus meiner Mutter in Mount Shasta, wo meine verstörte Tochter auf meine Rückkehr wartete.

Ich war nun Betreuungsperson in Vollzeit. Mich gleichzeitig um meine Mutter und meine Tochter zu kümmern, erwies sich als schwieriger, als ich mir vorgestellt hatte. Zusätzlich zur Erfüllung ihrer unträschiedlichen Ernährungsansprüche reinigte ich das Haus, machte die Wäsche und ging Lebensmittel einkaufen – die Arbeit, die man früher zu meiner Jugendzeit 'Hausfrauenarbeit' nannte. Ich erinnerte mich an ein Sprichwort, das ich am Kühlschrank eines Freundes gesehen hatte, „Die Arbeit eines Mannes geht von Sonnenauf- bis -untergang – die Arbeit einer Frau ist nie getan."[*] Nun verstand ich das.

---

[*] A man's work is from sun to sun – a woman's work is never done.

Eines Tages, nachdem ich das Geschirr gewaschen hatte und dem Seifenwasser zuschaute, wie es den Abfluss hinunterstrudelte, fühlte ich mein Leben auch den Abfluss hinunterstrudeln. Ich wollte fortgeschrittenen Buddhismus praktizieren, doch kümmerte ich mich hier nur um Menschen.

In diesem Augenblick ging mir schlagartig ein Licht auf: *Ich bin da, wo ich sein muss! Im Tantra geht es darum, alles als den Pfad zu verwenden, also statt meine Mutter und meine Tochter als Hindernis zu betrachten, werde ich sie als Göttinnen betrachten, die hier sind, um mich auf dem Weg zur Befreiung voranbringen!*

Ich sagte innerlich,

> *von nun an betrachte ich meine Mutter und meine Tochter hier als Göttinnen, die mich etwas lehren. Möge alles, was ich für sie tue, überall allen Müttern und Töchtern nützen.*

Ich gelobte, dass ich das tägliche Leben nutzen würde, um Meisterschaft zu erlangen. Tatsächlich könnte ich, indem ich mich um meine Familie kümmerte, schneller vorankommen, als wenn ich Mönch in einem Aschram wäre. Waren nicht der Guru von Yogananda, Sri Yukteswar, und sein Guru, Lahiri Mahasaya, auch Haushälter gewesen? Dann war ich in guter Gesellschaft. Es ist schwer genug, Erleuchtung in einer Höhle zu erlangen, wo man nie Umgang mit Menschen hat, aber Meisterschaft inmitten des menschlicher Lebens zu erlangen, war weitaus schwieriger – aber am Ende auch bei weitem lohnender. Ich sah, dass Meisterschaft der nächste Schritt jenseits von Erleuchtung ist. Während ich also beide Frauen als Gottheiten visualisierte, rezitierte ich verschiedene Göttinnen-Mantras. Tantrische Praxis wurde zur Struktur des Lebens.

Meine Mutter verlor unerwartet ihren Appetit und hörte schließlich auf zu essen. Sie lehnte es ab, ins Krankenhaus zu gehen, da sie keine Schmerzen fühlte und zu den Ärzten kein Vertrauen hatte; nach einer Operation zwei Jahre zuvor, hatte der Chirurg zugegeben, dass es die Operation selbst war, die die Ausbreitung des Krebses verursacht hatte.

Da wir eine Meditationsgruppe hatten, die die Medizin-Buddha-Praktik jeden Donnerstagabend im Haus machte, gingen wir in ihr Schlafzimmer. Wir saßen im Halbkreis um ihr Bett herum, sangen das Medizin-Buddha-Mantra und visualisierten sie in der Meditation als Medizin-Buddha. In unserem Geist wurde sie zu einer Gottheit aus lapislazuliblauem Licht transformiert, die Heilstrahlen zu allen fühlenden Wesen ausstrahlte. Auch wenn sie nicht verstand, was wir taten, erfreute sie trotzdem unsere Gesellschaft. Obwohl sie ihr Leben lang Atheistin war, zeigte sie nach drei Wochen gelegentlich an die Decke und fragte, „Wer sind diese Lichtwesen? Sie sind so schön!"

Am Ende der Meditationspraxis, als alle der Reihe nach hinausgingen und sich zu ihr verbeugten, hielt sie ihre Hände hoch und segnete jeden.

Bevor sie starb, spürte ich, dass ich mit ihr reden musste. Ich wusste keine Regeln, wie man sich von seiner sterbenden Mutter verabschiedet, aber ich spürte, ich musste Gefühle klären, die ich noch aus meiner Kindheit hatte. Ich hatte mich in meinem Leben meistens als Versager empfunden, zumindest war ich das in ihren Augen. Sie wollte, dass ich einen Beruf ausübte, damit sie stolz auf mich sein konnte, wenn sie mit ihren Freunden redete. Stattdessen war ich in der Welt umhergewandert; so musste sie zu ihren Freunden verlegen sagen, „Er ist immer noch auf der Suche nach sich selbst...er hat seinen Platz noch nicht gefunden."

Schließlich bekannte ich an ihrem Bett, „Mama, es tut mir leid, dass ich kein besserer Sohn war".

Sie schaute mich an und sagte ganz zärtlich, „Du warst der perfekte Sohn, der beste Sohn, den ich mir wünschen konnte. Es tut mir nur leid, dass ich keine bessere Mutter war".

„Mama, du warst eine gute Mutter."

„Wirklich?"

„Ja Mama", sagte ich, denn jetzt erkannte ich, dass es gerade das Ringen um meine eigene Identität war, das mich zur Suche gezwungen hatte, die lebenslange Suche, die mich über die Illusion hinausgehen ließ.

Das war das letzte Gespräch, das ich mit ihr hatte, denn am nächsten Morgen bei Sonnenaufgang verließ sie ihren Körper.

Meine Mutter im Alter von einundzwanzig Jahren

MEINE MUTTER KEHRT ZURÜCK

Zwanzig Jahre nachdem meine Mutter gestorben war, wachte ich an einem Nachmittag nach einem Nickerchen auf, und spürte ihre Gegenwart. Zuerst dachte ich, es könnte eine der Gottheiten sein, die ich als Teil meiner tantrischen Praktik visualisierte, denn es war eine liebevolle mütterliche Gegenwart, während sie im Leben kalt und gefühllos gewesen war. Ich setzte mich auf und sah, es war wirklich meine Mutter, nur war sie so schön, wie sie als junge Frau gewesen war. Da ich wusste, sie würde nicht wegen etwas Unbedeutendem erscheinen, fragte ich sie, „Mama, was kann ich für dich tun?"

„Du musst mir vergeben", sagte sie.

„Natürlich, ich vergebe dir...habe ich dir nicht an deinem Sterbebett vergeben?"

„Nein, ich meine, wirklich vergeben. Saint Germain hat mir gesagt, ich kann in meiner Entwicklung nicht vorankommen, und er kann mich nicht auf eine höhere Ebene bringen, bis du deinen Schmerz loslässt."

Ich dachte, dass ich diese Angelegenheiten vor langer Zeit losgelassen hatte, aber nun sah ich, dass einige emotionale Verletzungen doch noch da waren, und ich Gefühls-Arbeit zu tun hatte. Ich sah, dass man Gefühle nicht einfach aus der Existenz dekretieren kann. Sie sind mit allen Aspekten unseres Seins verwoben, und müssen an die Oberfläche des Bewusstseins gebracht werden, angeschaut und aufgelöst werden. Nur dann können wir frei sein.

Unsere Entwicklung war untrennbar miteinander verbunden. Auch wenn sie in früheren Leben für meinen Tod verantwortlich gewesen war, in diesem hatte sie mir Leben gegeben. Mich großzuziehen, so gut sie es zu tun wusste, war in ihrem Leben ihr Hauptaugenmerk. Nun konnte sie nicht weiter vorankommen, bis ich vergangene Verletzungen loslassen würde.

Ich dachte darüber nach, was sie dazu gemacht hatte, wie sie war. Ich erkannte, wie grausam ihre eigenen Eltern gewesen waren. Ihre Mutter hatte geglaubt, sie wäre ein Nachfahre von Katherina der Großen von Russland, also war sie bestrebt, wie eine Adlige zu leben. Sie stellte Gouvernanten für die Erziehung ihrer Tochter ein; oft waren es arme Mädchen, die vor der Hungersnot in Irland flohen. Einige blieben nur ein Jahr, ehe sie mit einem Freund fortliefen. Kein Wunder, dass sie verletzt aufgewachsen war, sich von ihrer Mutter abgelehnt fühlte, und nicht wusste, wie man selbst eine Mutter ist.

Wer weiß, vielleicht hatte ich ihr in einem früheren Leben wehgetan? Auf jeden Fall waren karmische Lektionen hochgekommen, und ihre emotionalen Verletzungen mussten geheilt werden. Ich erkannte, *Vielleicht bin ich derjenige, der ihre Kälte verursacht hat durch etwas, das ich einmal tat, und an das ich mich nicht mehr erinnere. Oder ich habe vielleicht eine ähnliche Verletzung in einem anderen verursacht, und um diese Neigung zu heilen, musste ich die Folgen ernten. Ich hätte von dieser Frau nicht geboren werden können, wenn es nicht die Konsequenz aus meinen eigenen früheren Handlungen gewesen wäre.*

Ich ließ meine Opferrolle los, übernahm für mich Verantwortung, und erkannte, *Ich bin die Ursache für alles in meinem Leben.*

Ich fühlte mich plötzlich frei. Eine Welle des Vergebens und des Mitgefühls wogte durch mein Herz. Ich bat Saint Germain, meiner Mutter Befreiung zu gewähren...sie in die höhere Welt zu bringen, die er ihr gezeigt hatte. Ich wusste, wir würden uns eines Tages wieder begegnen...als liebe Freunde.

Drei Monate später erschien meine Mutter wieder, diesmal begleitet von ihrer Mutter Hannah, die in meiner Jugendzeit aufgestiegen war. Sie trugen beide weiße Roben, und hatten ihren Arm um des anderen Schulter gelegt. Sie lächelten mit großer Liebe und großem Mitgefühl, und meine Mutter sagte,

„Danke, dass du mich freigegeben hast. Ich bin nun frei...und du ebenso."

Die zwei schönen Meisterinnen, die man in Tibet Dakinis nennen würde, verschwanden dann. Ich fühle sie gelegentlich, wie sie mir naherkommen, um zu helfen, wenn es nötig ist.

SAINT GERMAIN SCHICKT EINEN HELFER

Ich saß an meinem Schreibtisch und schrieb, als ich einen Telefonanruf von Lillia vom Herb and Health Store in der Stadt erhielt. Sie bat mich zu kommen und ein Exemplar meines autobiographischen Buches *Im Dienst der Meister,* den zweiten Band der *Abenteuer eines Westlichen Mystikers,* zu signieren, das eine Frau aus der Schweiz namens Mona Stein gekauft hatte.

Nachdem ich das Buch signiert hatte, wünschte ich Mona einen guten Ausflug zum Berg, entschuldigte mich dann, um nach Hause zu gehen und weiterzuschreiben – und dachte, ich würde sie nie wiedersehen. Doch Mona rief am nächsten Tag an und fragte, ob sie ein Treffen vereinbaren könne. Da sie die Stadt bald verlassen würde, sagte ich, sie solle gleich mal hochkommen.

Sie saß auf der Kante des Sofas und berichtete von der Kette von Ereignissen, die sie nach Mount Shasta geführt hatten. Sie hatte *Enthüllte Geheinisse* gelesen, die Geschichte von Guy Ballards Begegnung mit Saint Germain am Mount Shasta, und morgens nach dem Aufwachen eine Stimme gehört, „Geh nach Mount Shasta".

Sie ging zu einem Reisebüro, und nach ausgiebigem Suchen fanden sie Mount Shasta auf einer Karte. Die Angestellte war entsetzt, „Oh je, Sie werden doch nicht dahin wollen...denn dort gibt es überhaupt keine Touristenattraktionen! Ich suche Ihnen eine Reise nach Hawaii. Sie können in San Franzisko einige Tage auf Besichtigungstour gehen, dann nach Maui weiterreisen."

„Aber ich hörte ‚Gehe nach Mount Shasta'", beharrte Mona.

Die Angestellte lenkte ein wenig ein, arrangierte jedoch weiter die Reise nach Maui, ließ aber in San Franzisko genug Zeit für einen Dreitagesausflug nach Mount Shasta. Nun war sie hier, und umklammerte mein Buch, auf dessen Einband ich das Schwert der Blauen Flamme schwinge.[28]

„Als ich gestern zum Motel zurückging und dein Buch aufschlug, hörte ich wieder dieselbe Stimme, die mir sagte, ich solle nach Mount Shasta reisen. Das hat mir ein bisschen Angst gemacht, und ich warf es unter das Bett. Heute Morgen holte ich es hervor, und ich hörte wieder die Stimme. Diesmal war sie präziser. Ich will dich nicht erschrecken, aber die Stimme sagte, dass du und ich zusammen Arbeit zu tun haben."

„Was! Bist du sicher?", fragte ich ungläubig.

„Ja, ich bin mir sicher. Ich glaube, ich soll dein Buch ins Deutsche übersetzen, und dich nach Europa bringen, damit du die Lehre der Meister dort präsentierst."

„Das wäre toll", antwortete ich.

„Abgemacht, ich werde morgen abreisen, und wenn ich wieder in der Schweiz bin, können wir die Einzelheiten besprechen", sagte sie.

Sie warf ihre Arme um mich, und ging zur Tür hinaus zu ihrem Auto. Als sie die Strasse hinunterfuhr, winkte sie aufgeregt. Eine Woche später rief sie aus der Schweiz an, und sagte, sie habe für mich in der Schweiz und in Deutschland Vorträge vorbereitet, also plante ich einen Flug ein.

Dies war nur eine von vielen Situationen, wo Saint Germain Menschen wunderbarerweise dazu anregte, Hilfe bei der Verbreitung seine Lehre anzubieten.

---

[28] Diese Darstellung ist ein Symbol für Manjusri, den Herrn der Weisheit, der das Schwert der Unterscheidungsfähigkeit schwingt. Sie ist auch ein Symbol für das Schwert der Blauen Flamme von Erzengel Michael – die Absicht dieser Darstellung ist es, die Menschen dazu anzuregen, die Unwissenheit in ihrem eigenen Leben zu überwinden.

LATTE-KUNST

Ich bekam von einem lieben Freund eine italienische Espressomaschine geschenkt, der ein Kaffee-Aficionado [sachkundiger Fan] war. Er machte nicht nur den besten Espresso, sondern schmückte seine Latte Macchiato auch mit Kunst – die persönliche Note des Meisters, die von der Sorgfalt zeugt, die in die Zubereitung einging. Ich konnte üben, soviel ich wollte, es gelangen mir nicht die gleichen Herzen und Blumen, die er zustande brachte. Das Beste, das ich nach Jahren des Versuchens machen konnte, war eine Schaumwolke.

Liegt in diesem Versagen eine Botschaft?, fragte ich mich eines Tages. *Was tue ich nicht, das ich normalerweise tue, um erfolgreich zu sein?*

Ich erkannte, dass ich mich auf die Anleitung des Freundes und die zahlreichen Online-Videos verlassen hatte, anstatt die ICH BIN-Gegenwart anzurufen. Ich wollte Gott nicht mit so geringfügigen Angelegenheiten belästigen wie das Schaum-Design auf einer Tasse Kaffee. Dann wieder – warum eigentlich nicht! Gott ist über mir, mit unbegrenzter Macht, allem gewahr, was ich tue, und fähig, Wunder zu wirken. Am nächsten Morgen sagte ich,

ICH BIN die Gegenwart Gottes
und erschaffe die vollkommene Gestaltung.

Nachdem ich die Milch aufgeschäumt hatte, nahm ich das kleine Metallkännchen in die rechte Hand, begab mich in einen Zustand des Nichtdenkens, und erlaubte der Milch zu fließen, wie sie es wollte. Zu meiner großen Verwunderung erschien oben auf dem Kaffee das chinesische Schriftzeichen für Erfolg, das ich vom Studium des Qi Gong kannte. Der Lehrer, Larry

134

Wong, hatte erklärt, dass die eigentliche Bedeutung dieses Bildzeichens folgende ist:

Falle sechs Mal hin...
steh sieben Mal auf.

Ich war tausend Mal hingefallen, aber beim eintausendundeinsten Mal war ich erfolgreich. Als ich mich selbst aus dem Weg geräumt hatte, geschah die vollkommene Gestaltung ganz von allein.

ICH BIN GOTT

Am Neujahrsabend übertragen die Meister eine enorme Ausschüttung von Licht auf den Planeten. Oft wachte ich am folgenden Morgen auf, und war aufgeladen mit Energie, und dem Bewusstsein für meine Arbeit des kommenden Jahres.

An diesem Neujahrsabend kam eine Frau mit vielen Fragen über ihr Leben zu Besuch: Warum war sie hier? Wie kann sie ihren Lebensunterhalt bestreiten? Sie dachte offenbar, ich hätte die Antworten. Ich schloss meine Augen und sagte still zu mir selbst,

ICH BIN die Gegenwart Gottes und
helfe nun dieser Person!

Plötzlich und ohne Vorwarnung wurde ich Gott. Ich saß auf einem Thron, im Zentrum des Universums, und strahlte unendliche Lichtstrahlen aus. Ich schaute Galaxien, die vorüberwirbelten, und ich wusste, alles war eine Ausstrahlung meiner selbst. Ich öffnete die Augen, und obwohl die Frau und der Raum noch immer da waren, sah ich sie vor dem Hintergrund der Unendlichkeit. Ich versuchte, ein Dasein in der menschlichen Realität beizubehalten, und sagte, „Ihre Probleme sind Ihre eigene Schöpfung...sie sind nicht real!"

„Aber...aber...aber", stammelte sie.

Ich erkannte, dass sie sich als Opfer der Umstände in ihrem Leben fühlen wollte, statt ihr Leben in die Hand zu nehmen. Sie wünschte sich viele Dinge, ohne dafür arbeiten zu müssen, um das Geld zu erwerben, sie kaufen zu können. Sie wünschte sich, dass Gott ihr Leiden beendete. Als Gott konnte ich für sie alles in Ordnung bringen, ich wusste aber, dass sie diese Situation erschaffen hatte, damit sie erkannte, dass auch sie Gott war.

Dann sah ich, warum Neem Karoli Baba es abgelehnt hatte, mein Guru zu sein, denn ich musste den Guru in mir selbst finden. Er konnte das nicht für mich tun; noch konnte ich das jetzt für diese Frau tun. Indem Neem Karoli Baba mich fünfundvierzig Jahre lang ignoriert hatte, hatte er mir die größte Lehre gegeben. Während ich die leidende Frau vor mir anschaute, erkannte ich, dass ich dereinst Ungeduld gefühlt hätte, nun aber hatte ich Mitgefühl.

Ich sagte, „Schauen Sie, Sie sind Gott. Gebrauchen Sie Ihre Göttliche Intelligenz und Ihren Göttlichen Willen, um Ihr Leben so zu erschaffen, wie Sie es haben wollen", aber es war, als hätte ich zu einer Schaufensterpuppe in einem Kleiderladen gesprochen, und sie starrte nur stumm zurück.

Ich ließ wieder meine Augen sich schließen, und erinnerte das Eintreten in die Dualität als das Teilnehmen an einem Virtual Reality-Videosspiel. Es war das, was die Bibel 'Den Fall' nannte, aber es war nur ein Fall aus dem Einssein in die Dualität – die Erfahrung von gut und böse, Freude und Schmerz, richtig und falsch – alles mit der Absicht, Mitgefühl zu entwickeln. Indem ich gelernt hatte, was ich wollte, war ich wieder zum Einssein vorgedrungen – und saß wieder auf dem Thron Gottes im Herzen der Schöpfung. Es schien eine lange Zeit gedauert zu haben, aber es war nur ein Augenblick gewesen.

Eine anschwellende Herrlichkeit in mir begann Städte, Kontinente, die Erde, Sonnen- und Sternensysteme, diffuse Sternenebel und schwebende Universen zu umhüllen. Der gesamte Kosmos, sanft erleuchtet, wie eine ferne Stadt in der Nacht, schimmerten in der Unendlichkeit meines Seins.

– Paramahansa Yogananda

Dada Mukerjee (links), Peter Mt. Shasta, Ram Dass,
Jai Uttal, Ganga Dhar, Maharjji (von hinten)

DIE WEINENDE SCHALE

Mein Leben begann sich in merkwürdiger Weise zu verändern. Ich begann zu sehen, dass alles Bewusstsein besitzt und eine Form des Lebens manifestiert. Ich hatte nie zuvor daran gedacht, mit einem leblosen Gegenstand ein Gespräch zu führen, da jedoch alles lebendig ist, sollte dieses Erlebnis bald eine Wirklichkeit werden.

Als ich eines Tages das Abendessen bereitete, griff ich in den Geschirrschrank nach einer Schale, und hörte ein zartes Schreien, wie das eines neugeborenen Kätzchens. Ich ließ die Schale los und schaute in den Geschirrschrank hinein. *Was könnte das sein?,* fragte ich mich.

„Hast du uns vergessen?", kam eine Bitte aus der Ecke des Geschirrschranks. „Wir möchten auch benutzt werden".

Ich hatte einige Monate zuvor vier blaue Porzellanschalen gekauft, und sie in einer Ecke im Geschirrschrank hinter einigen Gläsern aufeinander gestapelt. Wenn ich eine Mahlzeit bereitete, griff ich immer nach der obersten Schale, und so wurde dieselbe Schale immer wieder und wieder verwendet, und die anderen nicht beachtet. Es war mir nie in den Sinn gekommen, eine Schale von unten aus dem Stapel zu nehmen. Nun nahm ich eine der vernachlässigten Schalen und stellte die oft benutzte in die Ecke.

„Verzeih mir, Ich liebe auch dich", sagte ich zu der gekränkten Schale. Sie schien vor Annerkennung zu glühen und dankbar dafür sein, dass sie endlich für den Zweck verwendet wurde, für den sie erschaffen worden war.

EIN BAUMWESEN

Wir hatten viele Feuer in jenem Sommer und Herbst, und mein Nachbar holte alle paar Tage seine Kettensäge hervor und fällte einen weiteren Baum, um eine Brandschneise um sein Haus zu legen. Es war eine gute Sicherheitsvorkehrung, aber ich konnte nicht anders, als für diese Bäume Mitleid zu empfinden, die in den vergangenen dreißig Jahren sein Haus abgeschirmt hatten. Sie hatten in Harmonie gelebt, ihn und seine Familie vor der Sonne geschützt, und lieferten für die Eichhörnchen und das Wild Eicheln als Futter für den Winter.

Da es nun bald anfangen würde zu schneien, beschloss ich, an den Bäumen entlang des dreihundert Yard langen Waldweges zu meinem Haus rote Reflektoren zu befestigen, damit der Mann, der diese Zufahrt pflügte, sehen konnte, wo er zu fahren hatte. Ich ging mit einer dicken Schnur hinaus, und fing an, die Reflektoren an den Bäumen festzubinden, wobei ich mit beiden Armen um jeden Stamm herumreichte und auf der Rückseite einen Knoten band.

Als ich den letzten Baum umfasste, erschrak ich, denn ich fühlte ihn aufleuchten und lebendig werden. Eine Welle der Liebe drang in mein Herz, und ich sah, dass ich ein schlankes, leuchtendes Mädchen umarmte, das im Baum lebte. Es war ungefähr sieben Jahre alt, und strahlte vor Freude. Als sie anfing zu sprechen, war ich noch mehr überrascht: „Ich bin so froh, dass du mich nicht fällst, wie dein Nachbar."

Eine Woge der Energie entsprang meinem Herzen, und ohne zu denken, platzte ich heraus, „Ich liebe dich".

„Ich liebe dich auch", antwortete sie.

Ich trat zurück, um sie näher anzuschauen, aber nun sah ich nur die raue Rinde.

„Ich weiß, du bist da drinnen. Bitte zeige dich noch einmal", bat ich, aber sie beachtete die Bitte nicht. Also ging ich ins Haus zurück.

Einige Tage später gab es viel Schnee. Es wurde bitter kalt, und ich wachte mitten in der Nacht mit einer quälenden Sorge auf. *Was ist mit dem Mädchen im Baum? Friert es nicht? Vielleicht kann ich ihm eine Decke geben und warmen Tee?* Aber während ich wacher wurde, fühlte ich sie sagen, „Es geht mir gut. Ich spüre keine Kälte, aber danke, dass du an mich denkst. Komm und besuch mich mal."

Ich schlief wieder ein, aber am Morgen dachte ich wieder an sie, wie sie da draußen im Wald ganz alleine war. Als Einsiedler hatte ich mich manchmal einsam gefühlt. Nun wusste ich, es gab ganz in der Nähe ein liebendes Wesen. Als ich aus meinem Fenster in den Wald hinausschaute, erkannte ich, dass tatsächlich in jedem Baum ein ähnliches Wesen verkörpert war, so war ich wohl kaum allein.

HUNDE-WEISHEIT

Es war ein schwieriger Morgen. Ich hatte in geschäftlichen Angelegenheiten einige herausfordernde Emails bekommen, und hatte auch Nachrichten gesehen, die sich anhörten, als wäre die Menschheit dem Untergang geweiht. Statt wie üblich all dies in der Meditation zu verarbeiten, stieg ich in meinen Transporter und fuhr in Richtung Stadt. Plötzlich erschien mitten auf der Strasse, einige hundert Yards vor mir, ein Hund. Ich tippte einige Male auf die Hupe, aber der Hund bewegte sich nicht. Er blieb mit allen vier Pfoten wie angewurzelt fest auf der Strasse stehen und schaute mir zu, wie ich näher kam. Ich fuhr langsamer, und erwartete, dass er zur Seite gehen würde, aber der riesige schwarze Hund mit einem orangefarbenen Fleck auf dem Kopf rührte sich nicht, und starrte mich durch die Windschutzscheibe an.

Schließlich hielt ich den Transporter an. Er trottete zum Seitenfenster hinüber und ich kurbelte es herunter. Ich hielt meine Hand hinaus, und er legte seine Schnauze behutsam in meine Hand, und schaute mir gefühlvoll in die Augen. In diesem Augenblick verschwand alle Besorgnis, und ich fühlte Frieden. Auf irgendeine Weise hatte er eine kraftvolle Botschaft kommuniziert.

Er ging dann zur Seite und ließ mich durch. Während ich die Straße zur Stadt entlang fuhr, spürte ich nun, dass alles gut werden würde. Es war ein schöner Tag, und die Sonne schien strahlend hell vom Himmel.

WESPEN VERSCHWINDEN

Ich wurde von einer Wespe gestochen, aber es war mein Fehler, da ich das Gayatri-Mantra sang und mich ungewollt rückwärts an den Pfosten lehnte, an dem die Wespe saß. Statt ihr die Schuld zu geben, war ich um ihr Wohlergehen besorgt, und beobachtete, wie sie sich von meiner Unachtsamkeit erholte. Am nächsten Tag fand ich wieder eine Wespe, gefangen zwischen Fenster und Fliegengitter, und ich beförderte sie in ein Gefäß und brachte sie nach draußen ins Gras. Als meine Vermieterin erfuhr, dass ich von einer Wespe gestochen worden war, bot sie mir an, Gift zu sprühen, aber der Gedanke war verabscheuungswürdig. Ich fragte mich, was zu tun wäre.

Am Abend ging ich nach draußen auf die Terrasse. Als ich nach oben schaute, sah ich die drei Wespennester, die unter der Traufe noch im Aufbau waren. Jeden Tag hatte ich zugeschaut, wie sie größer wurden. Während sie um ihren Bau herumschwirrten, sagte ich, *Ich weiß, ihr seid ein Teil von Mutter Natur und braucht einen Platz zum Leben, aber ich brauche auch einen Platz zum Leben. Nun ist es Zeit für euch umzuziehen. Ihr habt bis morgen früh Zeit. Wenn ihr dann immer noch dort seid, werde ich den Schlauch nehmen und euch mit einem Wasserstrahl wegspülen. Wenn das nicht funktioniert, werde ich schließlich von meiner Vermieterin Gift einsetzen lassen.*

Ich ging an diesem Abend schlafen und wusste, dass ich früh am Morgen aufstehen musste, wenn die Luft noch kalt war und die Wespen noch schliefen.

Ich wachte vor Sonnenaufgang auf, und mir graute vor der bevorstehenden Konfrontation. Ich zog mich schnell an, ging nach draußen und holte den Schlauch. Ich trug ihn nach oben zur Veranda, von wo aus ich das Dach erreichen konnte, und ging dann wieder hinunter, um das Wasser aufzudrehen. Als die Sonne über die Baumspitzen kam und auf die Dachtraufe schien, schaute ich hinauf, aber die Wespen waren fort.

DER BUCHTITEL

Ursprünglich war der Titel dieses Buches klar; jener, den ich intuitiv wusste, aber nach einiger Zeit bekam ich Zweifel, *vielleicht gibt es einen besseren Titel?* Im Laufe der Zeit änderte ich den Titel mehr als ein dutzend Mal. Jedes Mal, wenn ich die Datei zum Schreiben öffnete, kam mir ein neuer Name in den Sinn. Schließlich flehte ich frustriert Saint Germain an, damit er mir den Titel zeigte, den er haben wollte.

Am nächsten Tag ging ich zum Seven Suns Cafe für einen Teller Suppe, den ich draußen auf der Terrasse aß. Ich unterhielt mich mit jemandem, und als wir gingen, kam auf dem Gehsteig ein junger Mann an mir vorbei. Im Vorbeigehen schaute er sich über seine linke Schulter um und sagte, „Es ist was es ist."

Ich wandte mich einen Augenblick lang meinem Freund zu, um mich zu verabschieden, und schaute dann zurück, wer dieser Mann war – aber es war niemand da.

WESSEN SPIEL IST ES?

Du hast das Spiel erschaffen, aber vergessen, wann du dich entschlossen hattest, als Spieler daran teilzunehmen. Alles in dem Spiel ist eine Illusion, erschaffen und unterhalten zu deiner Entfaltung und Erleuchtung. Freude und Schmerz, Gut und Böse, Recht und Unrecht, sind alles Polaritäten, die als Spielregeln gebraucht werden. Das Spiel scheint real zu sein, weil du vergessen hast, wer du bist. Erinnere dich daran, und das Spiel ist vorbei. Du bist ein unsterbliches Wesen, das in der Ewigkeit weilt.

KEINE HINDERNISSE!

Himmel ist Himmel; Felsen ist Felsen; Erde ist Erde; Berge sind Berge. Ich bin, was ich bin, und du bist, was du bist. Daher gibt es keine besonderen Hindernisse, unsere Welt zu erfahren...

– Chögyam Trungpa Rinpoche,
The Tantric Path of Indestructible Wakefulness